Collection
Rolf Heyne

Peter Knaup • Jacques Lamalle

Die Châteaux des Médoc

Aus dem Französischen
von Josef Winiger

Wilhelm Heyne Verlag
München

Titel der Originalausgabe:
Châteaux en Médoc

Die Originalausgabe erschien 1998 bei

Umschlaggestaltung: Hauptmann und Kampa Werbeagentur, Zug,
unter Verwendung von Photographien von Peter Knaup
Layout: Céline Larmet
Herstellung: Karlheinz Rau
Satz: DTP-Service, Puchheim
Druck und Bindung: Amilcare Pizzi, Mailand

Printed in Italy

ISBN 3-453-13785-X

Inhalt

CHARENTE
MARITIME
Anbau-
gebiete des
Bordeaux
N
Gironde
Atlantik
D2
Jau-Dignac-et-Loirac
MÉDOC
Lesparre-Médoc
SAINT-ESTÈPHE
PAUILLAC
SAINT-JULIEN
LISTRAC-MÉDOC
MOULIS
GIRONDE
MARGAUX
HAUT-MÉDOC
Bordeaux

Danksagung

Die Gastfreundschaft ist in den Châteaux des Bordelais eine alte und noble Tradition. So möge hier all denjenigen – Männern und, immer zahlreicher, auch Frauen – gedankt sein, die uns so freundlich aufnahmen: Eigentümer, Direktoren, Kellermeister, Winzer oder überhaupt Angestellte – und ganz besonders all jenen, die uns seit zwanzig Jahren mit ihrer Freundschaft ehren und uns wertvolle Ratschläge erteilen. Unsere Texte begreifen sich als Hommage an das Wissen und die große Sensibilität von Philippe Guyonnet-Duperat, der es verstand, uns Bordeaux und seine Weine so nahezubringen. Ein Dank geht ebenfalls an die *Union des grands crus de Bordeaux* und an das *Conseil des vins du Médoc* für ihre Informationen.

Wir sprechen unseren aufrichtigen Dank Elisabeth Sauvat und Leonhard Stark aus, die mit Peter Knaup während ihrer Photoreisen durch das Médoc ein eingeschworenes Team bildeten. Elisabeth war für die Verantwortlichen und Besitzer der Châteaux eine charmante Gesprächspartnerin, während Leonhard, der selbst Stilleben photographiert, bereit war, Peter Knaup zu assistieren, ja sekundieren. Dieses Buch wäre ohne ihrer beider Hilfe nicht zustande gekommen.

Éditions Plume dankt darüber hinaus Barbara Grinberg und Michelle Teboul für ihre Unterstützung.

Château Pontet-Canet
CHÂTEAU
MOUTON ROT
CHÂTEAU
D'ARMAILHA

»Laß uns aufbrechen zum Ritt auf dem Wein …«

Charles Baudelaire

Der Dichter will diesen Ritt ohne Sporen und Zaum. So soll der Weingenuß sein: Allen Sinnen freien Lauf lassen, die Hauptsache Natur und die Nebensache Mensch wieder in Einklang bringen und das Augenblickliche mit dem Unveränderlichen verbinden. Dies alles zusammen und die Gelegenheit, sich Zeit zu nehmen, um zu leben, um wieder auf den Kreislauf der Jahreszeiten und der Jahrgänge aufmerksam zu werden.

Etwa, indem man beim berühmtesten Weinbaugebiet der Welt, dem Médoc, anfängt. Man kann allerdings nicht jedes der etwa 1600 Weingüter aufsuchen, die 15000 Hektar auf acht Appellationen umfassen (Médoc, Haut-Médoc, Listrac, Moulis, Margaux, Saint-Julien, Pauillac und Saint-Estèphe). Man muß eine Wahl treffen. Indem man zum Beispiel der Départementale 2, der alten Straße von Bordeaux nach Saint-Estèphe folgt – dem »Königsweg« des Weins. Peter Knaup und Jacques Lamalle haben dies getan, jeder seinen persönlichen Empfindungen und Eingebungen folgend. Auf ihrem Weg zeigen sie uns unter neuen Blickwinkeln die besten Crus Classés, die keine Weinreise auslassen darf, aber auch zwei Châteaux im Gebiet von Moulis, die ein schönes Beispiel für die wachsenden Meriten vieler Crus Bourgeois des Médoc abgeben.

Sie nehmen uns mit auf ihren Gang durch die Rebberge, wo die Stöcke im Herbst unter der Beerenlast fast brechen, im Winter als nackte Gerippe aus dem Nebel ragen, im Frühjahr in zartem Blattgrün funkeln und im Sommer mit prächtigen Laubschöpfen aufwarten. Wir begleiten mit ihnen die Winzer bei ihrer gewissenhaften Arbeit und folgen ihnen in das Gedröhn der Gärräume und in die Stille der Keller mit den aufeinandergeschichteten Eichenholzfässern, um etwas vom Wirken des Kellermeisters zu erahnen.

Und sie laden uns ein, die geordneten Fluchten der Weinberge und der Bauten zu betrachten, die seidige Haut einer Weintraube zu befühlen, auf das Knistern der Rankenfeuer und das Tröpfeln des Vorlaufweins zu horchen, das feine Parfum der Weinblüte oder den süßen Johannisbeerduft eines Margaux oder Pauillac zu riechen und konzentrierte Frucht und feine Tannine auf der Zunge zu schmecken.

Für ein Fest der Sinne, für geteilten Genuß.

Catherine Laulhère-Vigneau

CHATEAU

Appellation HAUT-MÉDOC

LA LAGUNE

LINKS: DIE SCHMIEDEEISERNEN TORGITTER ZEUGEN VON DER BELLE ÉPOQUE DES MÉDOC IM AUSGEHENDEN SECOND EMPIRE, ALS SICH AUF DEN STRASSEN DIE KALESCHEN DER VORNEHMEN PARISER GESELLSCHAFT BEGEGNETEN, DIE HIER, WIE DIE PÉREIRES, ROTHSCHILDS, JOHNSTONS UND DUCHÂTELS, SO MANCHEN CRU CLASSÉ BESASSEN. SO WENIGSTENS WILL ES DIE LOKALGESCHICHTE, PIKANT WIE DER VIN DE GOUTTE.

Das Dröhnen der Weinmetropole Bordeaux begegnet hier der gebieterischen Stille, die von der Gironde aufsteigt und die große Armee der Weinstöcke umfängt, die an diesem frühen Septembermorgen in grüner Einförmigkeit im leichten Nordwind zittern. Diese frische Brise, die zwischen zwei Wellenschlägen einen vagen Schlammgeruch herüberträgt, konterkariert den schwer-süßen Duft der auf den Boden gefallenen und aufgeplatzten Weinbeeren. Die schnurgerade Linie der Stöcke verliert ihre schöne Regelmäßigkeit, je höher sich die Sonne über den Fluß erhebt und der Blick über die Anhöhen hinausschweift zur Mündung hin, die ins offene Meer übergeht. Diese eingewurzelte Geometrie, diese geordnete Landschaft, in der alles Rundung und Volumen ist, von den Flußkieseln in Weiß, Rosa, Ocker und Schwarz bis hin zu den sich blau, lila und jadegrün färbenden Trauben – es ist der verzaubernde Garten des Médoc im Königreich des Weins.

Für den Liebhaber beginnt die Verzauberung mit der Lese. Weil es ein festlicher Augenblick ist: die Zusammenkunft der Trauben, die dem Einswerden des Weins vorangeht. Weil die Natur wirklich und wahrhaftig gegenwärtig ist und es für den Menschen nichts Erhebenderes gibt als die Begegnung mit dem göttlichen Geheimnis der Schöpfung, aus der er ja selbst hervorgeht. Der Wein selbst ist dann nur noch das Produkt des Menschen, der die Schöpfung fortführt. So zivilisiert die Weinbaugegend auch ist, sie behält etwas Geheimnisvolles, etwas Spirituelles, das den Menschen an der Unendlichkeit der Materie teilhaben läßt. Seine eigenen Wurzeln zählen nicht mehr, es zählen die des Weinstocks, dieser Schlingpflanze aus grauer Vorzeit. Sein Alter zählt nicht mehr, es zählt das dieser Pyrenäen-Erde aus dem Quartär, deren runde Kiesel unter den Füßen rollen. Und es wird ihm wohl, da er die Schlingpflanze gezähmt hat, damit sie ihm reiche Frucht beschert, und die Materie aus Lehm und Kalk kunstreich geformt hat, damit die Pflanze sich in ganzer Fülle entfalten kann. Mit Hilfe der Natur füllt er die Leere in seinem Innern, indem er den Wein genießt. Einen Göttertrank. Einen Wein, den er sorgsamst hegt und pflegt, in Zyklen, die den Jahreszeiten gleichen. Es ist ein elitärer Wein mit Vollkommenheitsgraden wie im Parnaß. Wer das Gittertor von Château La Lagune aufstößt, betritt in dieser Welt, in der Mensch und Natur sich aufs engste verbinden, eine Götterwelt.

GRAND CRU CLASSE
CHATEAU LA LAGUNE
HAUT-MEDOC
1959
MIS EN BOUTEILLE AU CHATEAU
HAUT MÉDOC
1975

DIESER TROISIÈME CRU CLASSÉ, DER SEIT 1961 DEM CHAMPAGNER-HERSTELLER AYALA GEHÖRT, IST SO GUT WIE EIN DEUXIÈME CRU: ZU VERDANKEN IST DIES GESCHMEIDIGEN WEINEN MIT GUTEM GEFÜGE, HÜBSCH FRUCHTIG UND LANGE HALTBAR. DIE SCHÖNEN SCHWEMMBÖDEN, VON DENEN DER NAME KOMMT, TRAGEN VIEL ZU DIESEM ERGEBNIS BEI.

CANTEMERLE

Die behandschuhten Finger der Sortierer vergraben sich in den Bergen prall-fleischiger Merlot-Trauben wie die eines Geizhalses, der wollüstig in der gefüllten Schatulle nach einem raren Stück wühlt. So reif sind die aussortierten geplatzten Beeren, und so heiß ist die Sonne an diesem Spätsommertag, daß von diesem Traubenhaufen ein Geruch von gekochten Früchten aufsteigt. Ab und zu kitzelt der grün-saure Geist des Kamms die Nase, doch er vermag den Schleier der Alkoholdämpfe nicht zu zerreißen, der die Sortiertische umhüllt. Die Leute lachen immer wieder auf, als wären sie betrunken. Zwischen den Rebzeilen geht es bei den Pflückern nicht minder fröhlich zu. »Sind die Trauben gut, wird der Wein gut«, sagt das Sprichwort. Achtet man noch mehr auf Qualität und selektiert man noch strenger, wird der Wein noch besser, sagt man heute. Man beginnt also mit dem Sortieren bereits im Weinberg, Parzelle um Parzelle, was erneutes Auslesen vor dem Bottich keineswegs ausschließt.

Das Prinzip der rigorosen Auslese bei der Ernte, das beim Grand Cru mehr und mehr angewandt wird, wie hier in Cantemerle, ist von grundlegender Bedeutung, wenn auch in den klimatisch schlechten Jahren ein guter Wein entstehen soll. Auslese und strenge Kontrolle gelten in allen Stadien der Weinherstellung. Über die Wahl der Anbaufläche entscheiden der Boden und das Klima; gegebenenfalls wird drainiert. Die Wahl der Rebsorten wiederum wird von der Anbaufläche bestimmt; ihre Zusammensetzung kann sich anteilmäßig ändern. So wurde in Cantemerle der Cabernet Franc, der nicht recht reifen wollte, reduziert zugunsten des Cabernet Sauvignon, des Merlot und des Petit Verdot. Über die Dichte der Bepflanzung entscheidet für jede Parzelle der jeweilige Boden. Der Ertrag wird natürlich von der Dichte begrenzt, die eine bessere Reifung der Beeren und eine Produktion von konzentrierteren Weinen zur Folge hat, aber auch durch den Schnitt und neuerdings auch durch die »grüne Lese« im Juli, bei der ein Teil der Trauben entfernt wird, um den verbleibenden eine bessere Reifung zu sichern. Denn die Reife ist der bestimmende Faktor für die Qualität des Weins. Leider hängt sie in letzter Instanz vom Wetter ab, auf das der Mensch wenig Einfluß hat. Also gilt: Auslesen, auslesen und nochmals auslesen, dann hilft dir Gott!

RECHTS: NACH EINEM HERVORRAGENDEN 1989ER BRACHTE DIESER CINQUIÈME CRU CLASSÉ EINIGE ENTTÄUSCHUNGEN, DIE AUF SCHLECHTE REIFUNG UND FRÖSTE ZURÜCKZUFÜHREN WAREN.
MIT DEM 1995ER UND VOR ALLEM MIT DEM BESONDERS FRUCHTIGEN UND BLUMIGEN 1996ER JAHRGANG, DER MIT GESCHMEIDIGEN TANNINEN UND HARMONISCHEM GLEICHGEWICHT AUFWARTET, KANN CANTEMERLE WIEDER DAS HERZ ERFREUEN.

PRODUCE OF FRANCE
APPELLATION HAUT-MÉDOC CONTROLÉE
1975
CHÂTEAU CANTEMERLE
HAUT-MÉDOC
HPA 499
Mis en bouteilles au Château
PRODUCE OF FRANCE

DIESES IM 16. JAHRHUNDERT ERBAUTE UND IM 19. JAHRHUNDERT UMGEBAUTE SCHLOSS GEHÖRT EINER FRANZÖSISCHEN VERSICHERUNG, DIE DEN BETRIEB MODERNISIERT HAT, OHNE DEN WUNDERSCHÖNEN PARK ZUZUPFLASTERN. VIELLEICHT WOLLTE MAN DAS FABELWESEN NICHT VERGRAULEN, DAS SICH HIER NACH DER SAGE VON UNBERÜHRTEN JUNGEN MÄDCHEN ERNÄHRTE.

Appellation
MARGAUX

BOUTEILLES
GRAND CRU
OF FRANCE
Château Giscours
GRAND CRU CLASSÉ EN 1855
MARGAUX
1986
APPELLATION MARGAUX CONTRÔLÉE
MIS EN BOUTEILLE AU CHATEAU
PAR LA S.A. D'EXPLOITATION DU CHATEAU GISCOURS LABARDE - 33460 MARGAUX - FRANCE
MARGAUX
1969
MARGAUX

GISCOURS

OBEN: DIE GEBÄUDE DES MUSTERBETRIEBS SIND ZUGLEICH EIN MUSTERBEISPIEL FÜR DAS 19. JAHRHUNDERT. IN DEN ACHTZIGER JAHREN VERLIEH IHNEN DER VON PIERRE TARI ORGANISIERTE POLOKLUB NEUEN GLANZ.

LINKS: DER JAHRGANG 1986 IST EIN GROSSER WURF DES JAHRZEHNTS: SCHÖNES DUNKLES GEWAND, HÜBSCH FRUCHTIGE NASE, GUTE KONZENTRATION MIT KRAFT, ABER AUCH MIT GESCHMEIDIGKEIT. GANZ WIE DER ELEGANTE HAUSHERR VON EINST. MEILENWEIT ENTFERNT VOM »KOMMERZ« DER NEUNZIGER JAHRE.

Und nun Margaux, die berühmteste Appellation des Médoc, die mit den meisten Crus Classés (insgesamt 21 in den Klassen eins bis fünf), deren Weine als die »femininsten« der Landzunge zwischen Gironde und Atlantik gelten, weil sie fein und geschmeidig sind und elegante Fruchtaromen verströmen. Der Name ist den Bordeaux-Liebhabern so teuer, daß er zum – weiblichen – Vornamen wurde. Auf Dutzenden von Hektar wogt es grün beiderseits der pfeilgeraden Straße. Linker Hand tauchen hinter einem baumbestandenen Hügelzug die hellroten bis braunen Ziegeldächer der Wirtschaftsgebäude und das graue Schieferdach des Schlosses auf. Giscours! Ein Archetyp des Médoc, eine zweihundertjährige Konzentration der tausendundein Abenteuer und Fährnisse der Grands Crus Classés unter den Bordeaux-Weinen, ein aus Glanz und Elend gewebtes Drama der Weinherstellungskunst: eine Weinsaga, wie sie im Buche steht.

Giscours kennt nicht nur die jedem geläufigen Engpässe schwieriger Jahre, es hat auch Schwierigkeiten mit den Jahrhundertwenden. Als adeliges Besitztum wird es während der Revolution beschlagnahmt und unter Napoleon I. schlimm zugerichtet, doch unter der Juli-Monarchie erholt es sich allmählich und erstarkt endgültig unter Napoleon III. Zugleich mit dem Bau des Schlosses werden bedeutende Maßnahmen zur Sanierung des Weinbergs durchgeführt: Drainierung der Kies-Schichten, Bestockung mit Rebsorten, die der angestrebten Weinqualität genügen, Verbesserung der Vinifikation (entrappen, klären). Guter Wein füllt die Fässer, und man verdient gutes Geld damit. Doch dem neuen Wohlstand setzen Reblaus, echter und falscher Mehltau schon bald ein Ende: Diese drei gefürchteten Geißeln lassen viele Weingüter des Médoc völlig verarmen. Von 1880 bis 1950 fällt Giscours hinter seinen hohen Parkbäumen in einen Dornröschenschlaf. Soweit der Dreihundert-Hektar-Besitz nicht ganz am Boden liegt, befindet er sich in einem tristen Zustand, als er 1952 von Algerien-Franzosen, der Familie Tari, erworben wird: das Schloßgebäude verwahrlost, die Wirtschaftsgebäude halb eingestürzt, die Weinberge verlaust. In zwanzigjähriger Arbeit verhelfen Nicolas, der Vater, und Pierre, der Sohn, dem Gut zu neuem Glanz und frischem Blut. Pierre schwört auf moderne Methoden; er ist der Typ des dynamischen Unternehmers und der geborene Publicity-

DIESES GANZ IM GESCHMACK DES 19. JAHRHUNDERTS GEHALTENE SCHLOSS WURDE VON GRAF DE PESCATORE, EINEM BANKIER, ERBAUT. DAHINTER LIEGT EIN SEHR GROSSER PARK MIT EINEM KLEINEN SEE, DER ANGELEGT WURDE, UM DIE NATÜRLICHE ENTWÄSSERUNG DER SCHÖNEN KIESHÜGEL ZU VERBESSERN, AUS DENEN DAS WEITLÄUFIGE GUT BESTEHT.

Mann. Die von Emile Peynaud und seinem Schüler Pascal Ribérau-Gayon propagierte neue Önologie findet in ihm einen glühenden Anhänger und begeisterten Evangelisten, der die frohe Botschaft der neuen Bordeaux-Generation aller Welt kundtut: bessere Weine durch besser kontrollierte Gärung, verfeinerte Verschnittmethoden, Reifung im neuen Eichenfaß, dem Barrique, um ihm zu mehr Ausdruck zu verhelfen und ihn jünger wirken zu lassen. Doch sosehr Pierre Tari in der Technik, in werbewirksamen Auftritten oder im Polo-Spiel glänzt, sowenig liegt ihm die Geschäftsführung. Schlechtes Management, fehlendes Engagement der Banken und interne Streitigkeiten führen schließlich dazu, daß die Familie Tari 1995 den Betrieb an einen holländischen Investor veräußern muß.

WIE SCHÖN DIESE FASSADE IST! LEIDER VERBIRGT SICH HINTER DIESEM VORBILD AN GLEICHGEWICHT UND HARMONIE ZIEMLICH VIEL UNORDNUNG UND MISSWIRTSCHAFT. DER ZEITENWANDEL BEIM WEIN IST WIE BEIM MENSCHEN EIN KREISLAUF: OFT STÜRMISCH, NIE GLEICHGÜLTIG LASSEND. MÖGE GISCOURS BALD WIEDER HOFFÄHIG WERDEN ...

Seit Eric Albada Jelgersma am Ruder ist, hat dieser Troisième Cru Classé etliches von seinem Ruf eingebüßt und bei den Weinprofis Mißtrauen hervorgerufen. Warum? Weil Eric Albada den »Krieg der Späne« entfesselt hat! Diesem Gewürzgroßhändler, der allein den schnellen Gewinn im Auge hat und auch nicht im Schloß nächtigen darf, weil dort die Familie Tari Besitzrechte und Nießbrauch behalten hat, ist jede Kostenminderung recht. Indem man zum Beispiel die Herstellungskosten einer Flasche Wein nur um 20 Centime statt um 10 Franc steigen läßt. Bei 300 000 Flaschen pro Jahr ist das keine Kleinigkeit. Und wie das? Man ersetze ganz einfach die Reifung in neuen Barriques dadurch, daß man während der Vinifikation Eichenspäne oder kleine Dauben in die Tanks gibt. Garantiertes Resultat ist dieser Holzton, den die Weintrinker wegen seines vielfältigen Aromas so lieben: Nelken, Veilchen, Vanille, Karamel usw. Sakrileg! schreien die Puristen. Skandalöser Betrug! empören sich die Funktionäre, die 1996 im Château Giscours ein Feststellungsprotokoll dieser Praktiken anfertigten, die es im Médoc bisher nicht gab.* Zumindest nicht bei einem Grand Cru Classé. Obwohl sie eigentlich nicht verboten sind. In Kalifornien, Australien und Chile etwa ist das Zugeben von Eichenspänen *(oak chips)* gängige Praxis, und in der Europäischen Union ist es nur insofern »verboten«, als es in der Liste der erlaubten önologischen Verfahren nicht aufgeführt ist. Aber von den supranationalen Vorschriften her gesehen ist die Weinbereitung in Barriques auch nicht legaler! Sie ist lediglich eine Tradition, ein Brauch. Eine juristische Auseinandersetzung ist im Gange, deren Ausgang nicht nur beträchtliche wirtschaftliche Konsequenzen hat, sondern die Kunst der Weinherstellung als solche betrifft. Soll man den Wein in Eichenfässer tun oder das Eichenfaß in den Wein? Von der Antwort auf diese Frage hängt die Qualität der Jahrgänge des dritten Jahrtausends ab.

---

* Anfang Juni 1998 berichteten die Zeitungen von neuen Anschuldigungen. Den '95er Weinen des Château soll auch Kasein zugesetzt worden sein, außerdem habe man Appellationen gemixt. Die Gerichte werden darüber zu befinden haben. Den Verkoster dürfte interessieren, daß dem '96er Giscours auf der großen Pariser Messe der *Union des grands vins* im Mai 1998 die für alle Margaux typische Eleganz völlig fehlte.

CHÂTEAU
BRANE-CANTENAC
1959
1961
1955

BRANE-CANTENAC

OBEN: EIN REIZENDES GEBÄUDE IN REIZVOLLER LANDSCHAFT. ALLES HIER SPIEGELT DAS LEBEN DER FAMILIE LURTON WIDER: DISKRETES GLÜCK IM EINKLANG MIT BEISPIELHAFT EFFIZIENTER PROFESSIONALITÄT.

LINKS: EIN WEIN, DER NIE GEFÄLLIG IST UND AUCH IN WECHSELNDEN JAHREN SEINEN CHARAKTER BEHÄLT. ER KANN VON SEHR GROSSER FEINHEIT ODER AUSSERORDENTLICH KRAFTVOLL SEIN. DER 1996ER IST REICH UND GESCHMEIDIG, MIT SCHÖNER FÜLLE. SEIT 1997 HAT BRANE-CANTENAC NEUE GÄRBOTTICHE AUS EICHENHOLZ.

Cantenac reimt sich im Herbst auf Signac. Der zwar nie eine Bordelais-Landschaft gemalt hat, aber das ändert nichts an der Tatsache. Vor allem in Brane, wo das Meer der zum Plateau hin wogenden Weinstöcke in pointillistischer Manier hellgelbe, ockergelbe, purpurrote, zartbraune und rostbraune Flecken neben unreifes Grün, hartes Blau und Schwarz setzt und seine von Süße berauschenden Wellen an das weiße Gemäuer anbranden läßt. Überträgt man das pointillistische Prinzip auf das ganze Weingut, so erscheint Brane als zentraler Punkt im Übersichtsbild einer etwa 150 Hektar großen, an Margaux anstoßenden Fläche, die in ein halbes Dutzend von Châteaux – darunter drei Crus Classés – aufgeteilt ist. Hinzuzufügen wären andere Bilder von der gleichen Art in den Anbaugebieten Saint-Émilion, Graves und Sauternes. Der Schöpfer dieses meisterlichen Werkes heißt Lucien Lurton, ein unermüdlicher Raffer, ein hellsichtiger Planer, ein ständiger Erneuerer, dem der moderne Weinbau viel verdankt. Dieser Hang zum Monumentalgemälde ist erblich veranlagt: In den Anbaugebieten Graves und Entre-deux-Mers hat auch sein Bruder André Großformatiges geschaffen, und er hat hier eben erst mit der Restaurierung von Château Dauzac, einem Cinquième Cru Classé, ein neues Werk in Angriff genommen. Neider behaupten, die Brüder sähen sich beide schon als Baron Hector de Brane, der diesem Deuxième Cru Classé im Jahre 1838 seinen Namen verlieh und seinerzeit als »Napoleon der Reben« galt, weil er so viele Châteaux, unter ihnen Mouton, erworben hatte. Als Vorbild nicht übel.

Der Hang zum Pointillismus hat Lucien Lurton zur kinderreichen Familie geführt. Seine zehn Kinder lassen ihn nun zum Divisionismus tendieren. Da das Problem der Nachfolge das dornigste ist, wenn ein Reich ewig dauern soll, hat der größte Weingutbesitzer des Médoc beschlossen, das seine aufzustückeln. Allein in der Appellation Margaux kümmern sich Henri um Brane-Cantenac, Denis um den Troisième Cru Classé Desmirail, Marie-Laure um La Tour-de-Bessan und Gonzague um den Deuxième Cru Classé Durfort-Viviens. Letzter kleiner Tupfer in diesem Genre-Porträt: Gonzague ehelicht Claire Villars. Diese Enkelin von Jacques Merlaut, einem anderen Meister der Médoc-Großarchitektur, hat von ihrem Großvater gleich mehrere Châteaux zu treuen Händen erhalten.

CANTENAC-BROWN

Unbestritten das britischste unter den englischen Médoc-Schlössern mit seiner steifen, strengen College-Fassade. So sehr College, daß die neue Besitzerin, die Versicherungsgesellschaft Axa, es zu ihrem Seminarzentrum gemacht hat. Und so steif und streng, daß es auf die Weine dieses Troisième Cru Classé abgefärbt hat. Die Jahrgänge der achtziger Jahre, einschließlich des 1982er und des 1986er, sündigen ebenso wie die der neunziger Jahre durch Strenge, Härte, Magerkeit, Rauheit, immer alles schön verpackt unter einer wunderbar rubinroten, sehr »schicken« Farbe. Zum Glück hat Axa viel investiert, und Jean-Michel Cazes (vgl. S. 125) wußte mit den Pfunden zu wuchern: Der 1996er ist gelungen, er ist geschmeidiger, ausgeglichener und hat fast Charme. Der englische College-Stil weicht endlich dem französischen Stil. John Louis Brown selbst, der im 19. Jahrhundert das Schloß erbauen ließ, war freilich alles andere als ein asketischer Puritaner. Dieser Sproß einer englischen Kaufmannsfamilie huldigte einer dreifachen Leidenschaft: Frauen, Wein und Tiere. Die Frauen brachten ihn um den Besitz und der Wein brachte ihn um das Leben, doch dieser machte seinen Namen unsterblich, ebenso wie die Tierbilder, mit denen er Talent bewies und die heute so hoch im Kurs stehen, daß er auch in unseren Tagen auf Sittenstrenge verzichten und auf großem Fuß leben könnte.

PRIEURÉ-LICHINE

Ein Amerikaner in Bordeaux. Dies ist die Geschichte eines Russen namens Alexis, der, mittlerweile Bürger der Vereinigten Staaten, sich so in eine gewisse France verliebte, daß er zu ihr zog und sich in einer weinüberwucherten Klosterruine einnistete. Zur *amour fou* kam die Wein-Leidenschaft hinzu, und diese Kombination versetzte ihn in einen solchen Rausch, daß er partout alle seine amerikanischen Freunde daran teilhaben lassen und in seine dionysische Runde einbeziehen wollte, in der er sich jahrelang wie toll auslebte. Er starb glücklich inmitten der Weinberge, die er angelegt hatte, und ließ sich an ihrem Fuße begraben. So also schlug Alexis Lichine 1951 im Médoc Wurzeln, als er diesen Quatrième Cru Classé der Appellation Margaux kaufte, der damals in üblem Zustand war und nur gut zehn Hektar umfaßte. In fast vierzigjähriger Arbeit richtete er sämtliche Gebäude wieder her und vergrößerte die Anbaufläche auf mehr als 60 Hektar. Dank seiner önologischen Kenntnisse, die ihn nicht nur Artikel verfassen und Enzyklopädien herausgeben ließen, wurde Prieuré-Cantenac zu einer hervorragenden Kreszenz, der er, stets auf Publizität bedacht, seinen Namen verlieh. Zum Pflichtprogramm für Journalisten, Importeure, Händler und Weinliebhaber aus Übersee avanciert, ist heute Château Prieuré-Lichine aus dem Gerede heraus. Es sei denn, Alexis' Sohn Sascha beabsichtige wirklich, wie es heißt, das Gut zu verkaufen ...

1921
Château
Prieuré de Cantenac
Grand Cru Classé
Margaux-Médoc
Château
Prieuré-Lichine
1975
Mis en bouteille au château
Margaux
Cette bouteille porte le Nº 006010

KIRWAN

Château KIRWAN

Ah! Das Bukett... Chemische Analysen behaupten, es gebe im Wein etwa 600 Stoffe, die auf den Geruchs- und Geschmackssinn wirken. Überlassen wir die heterosiden Terpineole und die an Mallarmés Lyrik gemahnenden Xanthophylle den Chemikern und beschränken wir uns auf die schlichten, prosaischen Sinnenfreuden, die man auf schnuppernde Weise erfahren kann. Das eine Nasenloch nimmt eine Veilchennote wahr, das andere eine Ahnung von Osterluzei. Wenn man sich Zeit läßt. Das höchste Glück bei der Weinprobe ist dieser wunderbare Augenblick, wo man, gesammelten und geschärften Sinnes, die Nase in das von den Lippen nur leicht berührte Glas hält und mit sanftem, zärtlichem Zug alle diese Aromen einsaugt, die von der geschwenkten Flüssigkeit aufsteigen und einen in wehmütigen Erinnerungen schwelgen lassen. Wer aus seiner Kindheit alle diese Schätze von Gerüchen aus Garten und Feld, Küche und Keller bewahrt hat, darf sich glücklich schätzen!

Dann kann er sich, den Blick im Purpur-Rubinrot des '93er Kirwan verloren, sich berauschen lassen von den Düften: Veilchen, Gräser, Brombeere, Heidelbeere, Sauerkirsche oder auch Lakritze oder Leder auf Eichenholzgrund. Und sein Sinnengenuß explodiert wie ein Kaleidoskop.

Château PALMER

Kann jemand im Médoc von sich behaupten, er besitze aus ein und demselben Château einen 1893er, den sein Großvater gemacht, einen im Jahre der eigenen Geburt entstandenen 1928er, den sein Vater vinifiziert, und einen 1961er, den sein Vater und sein jüngerer Bruder ausgebaut haben, während er selbst gerade die 1995er Ernte beendet? Nur ein Mann kann das: Claude Chardon, Chefwinzer auf Château Palmer. Und noch ein anderer Mann, wenn man dieser Jahrgangsaufzählung einen 1934er hinzufügt, der sein Geburtsjahrgang ist: Yves Chardon, der jüngere Bruder und Kellermeister im selben Château. Beide sind 1996 leider in Rente gegangen. Château Palmer zeigt, wie der Wechsel in ganz kleinen Schritten Kontinuität bedeuten kann. Eine Kontinuität, die sich in der Langlebigkeit erweist: 120 Jahre der aufmerksamsten Pflege dieses Troisième Cru Classé durch die Familie Chardon, 75 Jahre des finanziellen Engagements durch die Bankiers Péreire und mehr als 60 Jahre unternehmerischer Treue durch die angloholländischen Familien Mälher und Sichel. Der Lohn solcher Treue sind außerordentliche Weine, die manchmal an die Premiers Crus heranreichen.

Die letzten Blätter der entlaubten Weinstöcke funkeln gelb und rot in der Herbstsonne, und der Morgenwind läßt sie auf ihren Linien tanzen wie die Noten eines Vivace-Stücks. Es ist die Zeit, da auf allen Parzellen des 45-Hektar-Gutes von Palmer der Rebschnitt und das Niederbiegen durchgeführt werden muß. Philippe Delfaut, der neue technische Leiter, möchte auf allen diesen Parzellen eine Reifekontrolle vornehmen. Die Instandhaltung der Bestockung ist nicht nur eine wichtige, sondern die Hauptaufgabe schlechthin, wenn man einen großen Wein herstellen will. Nicht nur das Beschneiden – zur Zeit tüftelt man an Robotern, die mit Videokameras und Computern das tragende Holz bestimmen und die Augen zählen! – auch das Abranken und das Ausbrechen der überflüssigen Knospen sind Handarbeit; der Grobschnitt hingegen geschieht maschinell, einziges Zugeständnis bisher an die technische Revolution im Weinbau! Neben dem Traktor, der die Pferde ersetzt. Doch im Château Palmer hat man sich wie bei anderen sehr großen Crus geweigert, den Weinstock an den Traktor anzupassen, und seit 200 Jahren ist die Pflanzdichte gleich geblieben: 10 000 Stöcke pro Hektar. Weil eine hohe Dichte die beste Qualität erbringt.

EIN HOHER MERLOT-ANTEIL MACHT DAS GANZ BESONDERE BEIM CHÂTEAU PALMER AUS, EINEM WEIN, VON DEM AUCH WÄHLERISCHSTE LIEBHABER NIE GENUG HABEN. DIE LEGENDÄREN WEINE SIND ZAHLREICH: '45, '61, '66, '82, '89. DAS JAHRZEHNT DER NEUNZIGER SCHEINT JEDOCH WENIGER GLANZVOLL ZU SEIN.

1975
CHATEAU PALMER
MIS EN BOUTEILLE AU CHATEAU
CHATEAU PALMER
MEDOC
1908
FRANCE
1985
MARGAUX
APPELLATION MARGAUX CONTROLEE
SOCIETE CIVILE DU CHATEAU PALMER
MIS EN BOUTEILLE AU CHATEAU
SICIEL

DIE PÉREIRES, JÜDISCHE BANKIERS PORTUGIESISCHER HERKUNFT UND HAUPTRIVALEN DER ROTHSCHILDS, LIESSEN IN DEN JAHREN 1857 BIS 1860 DIESES SCHMUCKKÄSTCHEN IM NEORENAISSANCE-STIL FÜR IHREN TROISIÈME CRU CLASSÉ ERBAUEN, DER ZUVOR DAS STECKENPFERD EINES BRITISCHEN GENERALS UND FREUND WELLINGTONS NAMENS PALMER WAR.

CHATEAU·LASCOMB
GRAND CRU
1985
MARGAUX
12,5% vol.
MIS EN BOUTEILLE AU CHATEA
1934
Château Lascombes
2ème Cru classé Margaux
Propriétaire F. Ginester
GRAND VIN
AU LASCOMBES
MARGAUX
1946
Appellation

LASCOMBES

SCHÖNER DUFT VON ROTEN FRÜCHTEN, BEGLEITET VON EINER BLUMENNOTE, ENERGISCHE UND GLEICHZEITIG GESCHMEIDIGE STRUKTUR: DER LASCOMBES VERBESSERT SICH.

Je mehr Verrückte beisammen sind, desto ausgelassener das Fest. Als Alexis Lichine Anfang der fünfziger Jahre seinen »Prieuré« kaufte, gewann er als Kumpane für sein Weinbauabenteuer einige Freunde und Bekannte aus dem Finanzadel, darunter David Rockefeller. Zusammen mit anderen millionenschweren Weinliebhabern kaufte dieser Château Lascombes, einen Deuxième Cru Classé im Gemeindegebiet von Margaux. Man kann Spaß haben und trinken und gleichzeitig ernsthaft sein. Lascombes wurde also völlig umgekrempelt: Das renovierte Schloß erhielt einen Swimmingpool im Hollywood-Stil, Keller und Anbaufläche wurden vergrößert. Lichines Werbemaschinerie bewirkte, daß innerhalb weniger Jahre die ganze High-Society von New York und Boston Lascombes trank, wodurch diese Kreszenz zum »Botschafter des französischen Weins« avancierte, und kein Amerikaner, den es nach Bordeaux verschlägt, versäumt seither die Wallfahrt zu den Kellern von Lascombes. Sie können sich dort ein wenig wie Thomas Jefferson fühlen, der, bevor er Präsident der Vereinigten Staaten wurde, am Vorabend der Französischen Revolution sich länger im Bordelais aufhielt, weil er herausfinden wollte, was diese Weine so einzigartig machte.

Doch selbst des schönsten Spielzeugs wird man einmal müde, und so fiel Lascombes im Jahre 1971 in den Geldbeutel englischer Investoren, ebenso wie einige Zeit zuvor schon das Handelshaus Alexis Lichine & Cie. Durch schiere Schwerkraft. Die stets pragmatischen Engländer wandten das Newtonsche Prinzip im Château Lascombes auf die Weinherstellung an, indem sie die Tanks eine Etage höher legten, damit der Abstich durch die Schwerkraft vonstatten geht, das heißt der Wein auf schonende Weise in die Fässer geleitet wird, und zwar sowohl beim Abziehen in der ersten Gärungsphase als auch beim Ausbau. Diese Pfleglichkeit im Umgang mit der hochempfindlichen lebenden Materie hat einige Weinhersteller dazu geführt, die Schwerkraft auch beim Einfüllen der Ernte in die Gärbehälter einzusetzen. In Branaire zum Beispiel (vgl. S. 71) befinden sich diese nicht auf ebener Erde oder darüber, sondern darunter. Diese Tieflage erspart den Trauben die Pumpe, die sie sonst hochbefördert. Die Beeren brauchen sich nur der Schwerkraft zu überlassen, gemäß jenem anderen Grundsatz, daß man immer seinem natürlichen Hang folgen soll.

DIE ANGLOBAROCKE EINGEBUNG DES SIEUR CHAIX D'EST-ANGE, PRÄSIDENT DER ANWALTSKAMMER UNTER NAPOLEON III., VERMOCHTE, OBWOHL DÜSTER GENUG, EIN JAHRHUNDERT SPÄTER DIE AMERIKANISCHE GESCHÄFTSBOURGEOISIE ZU ENTZÜCKEN, DIE SICH HIER ALS GENTRY GERIERTE.

D'ISSAN

Weinfeste, aber nicht immer Festwein. Schloßfest, aber nicht unbedingt prinzipienfest. Issan tut sich heute mehr durch seine Feste als durch seine Weine hervor. Es wird bewundert wegen seiner Dachkonstruktion in Form eines umgedrehten Bootskörpers, und sein altes Kellergewölbe heißt *chai du Festival,* »Festspiel-Keller«. Ob nun für den *Mai musical de Bordeaux* oder die Feierlichkeiten der *Commanderie du Bontemps de Médoc et des Graves* (vgl. S. 78), die Familie Cruse empfängt auf Issan die internationale Hautevolee der Musik und des Weines: Fürstenfamilien, Politiker, Diplomaten, Künstler, Meisterköche und Sommeliers, Journalisten und natürlich auch Winzer, zumindest Weingutsbesitzer *Regum mensis arisque deorum,* »für die Tafeln der Könige und die Altäre der Götter«, so lautet die Widmung aus alten Zeiten: Ein d'Issan soll bei der Vermählung Eleonores von Aquitanien gereicht worden sein, zu Beginn des 18. Jahrhunderts war er der Lieblingswein des Prinzen von Wales und ein Jahrhundert später der von Kaiser Franz Joseph.

Zum Glück ist die neue Cruse-Generation bemüht, Issan wieder auf das Niveau der Großen zu heben. Neben überfälligen Korrekturen bei der Vinifizierung muß sie sich von einer Vergangenheit absetzen, in der der glorreiche Name hohl klang. Im Zeitraum von eineinhalb Jahrhunderten besaß diese Familie von Kaufleuten dänischer Herkunft an die zehn Châteaux, darunter Laujac, Pontet-Canet, Haut-Bages Libéral, Giscours, Rauzan-Ségla und eben Issan, wohin sie sich nach allerlei Wechselfällen zurückgezogen hatte. Dort erholte sie sich von schlimmen finanziellen Rückschlägen in der Krise von 1973, die sie finanziell fast ruinierten, und vom moralischen Debakel, das im selben Jahr der Skandal um die Bordeaux-Weine auslöste. Nach den explosionsartigen Spekulationsgewinnen mit den Jahrgängen '70 und '71 (mit dem 1995er und dem 1996er geht es schon wieder los!) hatte sinkende Qualität bei gleichzeitiger Rekordproduktion in den Folgejahren zum Kurssturz geführt, die Grands Crus im Keller waren auf einmal kein sicherer Wert mehr. Gleichzeitig waren mehrere Handelshäuser, unter anderem das Haus Cruse, in einen Fälscherskandal mit Qualitätsweinen verwickelt. Mit dem Kurs stürzte die Firma Cruse, und mit dem Skandal ihre Reputation. Doch die Zeit des Weines hat das Gute, daß sie die schlechten Jahrgänge vergessen macht.

OBEN: EIN GEBÄUDE AUS DEM 17. JAHRHUNDERT IM REINSTEN LUDWIG-XIII.-STIL, VOM UNTERGANG BEWAHRT DURCH DIE FAMILIE CRUSE, DIE AUCH IHREN EIGENEN AUFZUHALTEN VERSTAND.

RECHTS: EIN TROISIÈME CRU CLASSÉ, DEM ES SELTEN AN ELEGANZ FEHLT, WENN MAN IHM AUCH OFT MEHR KRAFT UND KONZENTRATION WÜNSCHEN MÖCHTE.

NÄCHSTE DOPPELSEITE: NAHE DER *VOIÈRE*, DER LANDSTRASSE, ERHEBT SICH DIE EHEMALIGE HERRSCHAFT VON ISSAN MIT KANÄLEN UND BURGGRABEN AUS DEM 14. JAHRHUNDERT. DIE REBBERGE SIND VON EINER MAUER UMGEBEN, MAN MUSS SIE ALSO DURCH DIESES ELEGANTE PORTAL BETRETEN, DAS MAJESTÄTISCH IN DEN HIMMEL DES MÉDOC RAGT.

1926
1955
TROISIÈME CRU CLASSÉ
GRAND CRU CLASSÉ EN 1855
1982
REGUM MENSIS ARIS QUE DEORUM
CHATEAU D'ISSAN
MARGAUX
APPELLATION MARGAUX CONTROLÉE

MARGAUX

OBEN: DAS FÜR DEN MARQUIS DOUAT DE LA COLONILLA GEBAUTE SCHLOSS GEHÖRTE EINEM ANDEREN MARQUIS, DEM VON LAS MARISMAS: DER KASTILISCHE BANKIER AGUADO WAR ROSSINIS MÄZEN.

LINKS: AN DER STELLE, WO SICH FRÜHER EINE BURG BEFAND, ERRICHTETE DER ARCHITEKT LOUIS COMBES VON 1810 BIS 1816 DIESES KLASSIZISTISCHE GEBÄUDE: EIN REGELRECHTER PALAST FÜR EINEN WEIN VON HÖCHSTEM RANG. EIN TRIUMPH, DER NIE WIRKLICH AUFGEHÖRT HAT, TRIUMPHAL ZU SEIN.

Woran erkennt man ein großes Haus? Am Glanz der Messingschilder. Die Schar der Putzfrauen, die eifrig jede Plakette eines jeden Eichenbottichs des großen Gärraums poliert, ist der ins Auge springende Beweis: Château Margaux bildet die Spitze der Spitzenklasse. Premier Cru Classé und *monument classé* – Wein-Denkmal und nationales Denkmal. *Majestas vini*. Und wie französisch ist dieses Nationalheiligtum? Als 1976 die Familie Ginestet das Château Margaux veräußern mußte, drohte die Regierung mit ihrem Veto, falls eine ausländische Gesellschaft den Zuschlag bekäme. Schon Latour war an den Feind England gefallen, das reichte. Nun wollte man nicht auch noch den Eiffelturm des Weins hingeben! Monatelang wurde um eine französische Lösung gerungen, schließlich wurde an die über hundertjährige Lebensmittelkette Félix Potin verkauft. Nur daß Phoenix Félix eben Mentzelopoulos hieß, André zwar mit Vornamen, aber mit griechischer Staatsangehörigkeit! Die bessere Weingesellschaft von Bordeaux klatschte, tratschte, grinste, dann wurde es still: Château Margaux hatte offensichtlich seinen Meister gefunden. Weingut und Schloß erlebten eine grandiose Renaissance, eine Apotheose mit Jahrgängen, die der Legende würdig waren. Diese Jahrzehnte, in denen König Geld regierte, ließen Margaux im alten Glanz erstrahlen, und über diesem Glanz vergaß man die Nationalität des Griechen und seiner Tochter. Wer protestiert heute in Frankreich noch gegen die Übernahme durch den Italiener Gianni Agnelli? Ob Dionysos oder Bacchus, Margaux ist der Tempel des Weines. In den Augen der ganzen Welt.

Den Frommen wie den Bilderstürmer läßt dieses Heiligtum in Ehrfurcht erstarren. Alles hier dient dem Glanz und der Herrlichkeit. Eine mächtige Platanenallee, deren Licht- und Schattenspiel am Morgen mit Strahlenkränzen durchsetzt, um Mittag gleißend hell und am Abend von glasklarer Durchsichtigkeit ist, führt zum Schloß mit der klassizistischen Fassade. Eine imposante Säulenvorhalle überragt die breite Freitreppe: glanzvoller Schrein, der sich der Verehrung darbietet – demutsvoll soll der Besucher sich nähern. In dem von makellosen Säulen getragenen Hauptschiff des Kellers an die eintausend Fässer, man denkt an Mönche in der braunen Kutte, eine weinrote Stola umgetan und auf dem Antlitz liegend, und man schweigt unwillkürlich. Die Stille ist unheimlich, weil sie die Stille der Leere

GRAND VIN
FRANCE
1953
FRANCE

STOLZ STEHEN SIE DA UND PREISEN IHR ALTER: DIESE FLASCHEN SIND MEHR ALS NUR PRIVILEGIEN, SIE SIND MONSTRANZEN DES WEINS.

CHATEAU MARGAUX
1961

OBEN: EINE PLATANENALLEE, EINE WAHRE PRACHTSTRASSE, ZUM RENOMMEE FÜHREND.

LINKS: 1961, EIN JAHRGANG, DER SICH MIT DEM 1945ER MESSEN KANN UND DAS ZEUG ZUM HUNDERTJÄHRIGEN HAT. SAGT MAN.

NÄCHSTE DOPPELSEITE: EINE SO KUNSTVOLL DOSIERTE BELEUCHTUNG SOLL DIE KELLER ZU HEILIGEN STÄTTEN DER WEINGEBURT WEIHEN. DAS SPIEL MÖGE BEGINNEN!

ist. Diese Wandelhalle mit ihren schnurgeraden Gängen und Fluchten läßt das Blut in den Adern gefrieren. In der darunterliegenden Krypta steigert sich dieses bedrückende Gefühl, und auch die Offenbarung, daß hier das Wunder der Weinwerdung vollbracht ist, kommt nicht dagegen an. Schwindelgefühl. Diese unzähligen Fässer, die da als Katafalke für offizielle Zeremonien aufgebaut sind, lassen einem schon, wenn man die Treppe hinuntersteigt, irgendwelche Totenepisteln in den Ohren hallen. Lebt hier noch etwas? Der Wein natürlich, aber man kann seine Wandlungen kaum ahnen, geschweige denn wahrnehmen. Die Menschen natürlich auch, aber sie kommen einem eher vor wie vergeistigte Offizianten, wie Einbalsamierer, und nicht wie Arbeiter. Und wenn man erst vom Naos in den Speos tritt, lähmt einen völlig das Entsetzen.

In diesem Pantheon wird man von der Schattenarmee der Margaux-Jahrgänge in den Bann geschlagen. Sind das Flaschen oder Urnen? Steht man in einem Weinlager oder in einer Pharaonen-Grabkammer? Im Dämmerlicht, das durch die wohl täglich gekämmten und gepuderten Spinnweben noch diffuser erscheint, wird dem gewöhnlichen Sterblichen auf einmal die ganze Unwirklichkeit von Margaux bewußt. Der Mythos entwickelt seine volle Größe im Schweigen der Zeit, wenn dem auserwählten Schreiber Robert Parker, nachdem er einen Jahrgang 1900 gekostet, der Ausruf »Ein atemberaubender Wein!« entfährt. Es folgt eine Hymne, in der dieser Wein als »prachtvoll reichhaltig, mit einem Duft, der einen ganzen Raum zu füllen vermag, unglaublich ölig, opulent und scharf konturiert« besungen und geweissagt wird, er werde ohne weiteres »zwanzig bis dreißig Jahre ins nächste Jahrhundert hinein überdauern«. Hosianna! Vor allem, da in den Augen des stellvertretenden Oberpriesters Paul Pontallier der ebenso dichte wie delikate 1996er mit seiner Reinheit diese seltene Vereinigung von Jugend und Eleganz darbietet, die seine feine und komplexe Cabernet-Sauvignon-Nase verströmt. Ein untrügliches Zeichen: Wir haben es mit einem Jahrgang zu tun, der sich wie der 1990er oder der 1982er durch üppige Geruchs- und Geschmacksfülle als würdiger Nachfolger, als Quasi-Replik – warum nicht als Klon? – des legendären, wonnevollen 1900er ausweist. So tritt Margaux mit dem Jahrgang 1996 ins dritte Jahrtausend ein, dessen erstes Jahrhundert er überdauern wird. Es lebt ja noch Wein in Flaschen von 1848, ja sogar von 1784, seine Lebenszeit beträgt also mindestens 300 Jahre!

Nein, Margaux ist nicht nur ein legendärer Wein, der Sehnsüchte und Träume heraufbeschwört, es ist auch die Legende der Wein-Jahrhunderte. *Gloria in excelsis Margaux!*

CHATEAU MARGAUX
GRAND VIN

Appellation
MOULIS

Grand Vin
CHATEAU
CHASSE-SPLEEN
1962
MOULIS EN MÉDOC
APPELLATION MOULIS EN MÉDOC CONTROLÉE
F. Lahary
MIS EN BOUTEILLES AU CHATEAU
PROPRIÉTAIRE A MOULIS (GIRONDE)
CHATEAU
CHASSE-SPLEEN
1982
Moulis en Médoc
APPELLATION MOULIS EN MÉDOC CONTROLÉE
SOCIETE FERMIERE DU CHATEAU CHASSE-SPLEEN
A MOULIS-EN-MÉDOC (GIRONDE)
PRODUCE OF FRANCE
MIS EN BOUTEILLES AU

CHASSE-SPLEEN

EINEM CRU CLASSÉ GLEICHWERTIG, BESITZT DIESER »CRU GRAND BOURGEOIS EXCEPTIONNEL«, WIE MAN IHN FRÜHER NENNEN DURFTE, DIE AROMATISCHE KOMPLEXITÄT DES SÜDLICHEN MÉDOC UND DEN REICHTUM DES NORDENS. AUF SEINE WEISE STEHT ER IM MITTELPUNKT DES GESCHMACKLICHEN INTERESSES.

Von ihrem 26 Meter hohen Hügel herab, der wie andere in der Gegend wohl ursprünglich eine Mühle trug – daher der Name Moulis für diese Appellation –, erteilt die junge Claire Villars Anweisungen wie ein General vor der Schlacht. Doch nicht Truppen unterstehen ihr, sondern ein Weinbetrieb: unter ihr der Keller, hinter ihr das Kelterhaus, links das Schloß, rechts und vor ihr die 80 Hektar Rebfläche. Nach der hektischen Zeit der Lese und der Überwachung des Gärprozesses beginnt eine neue Arbeitsphase, die zwar ein wenig ruhiger ist, aber permanente Aufmerksamkeit und höchste Wachsamkeit erfordert: das Auffüllen der Barriques, um den bei der Gärung entstehenden Flüssigkeitsverlust auszugleichen; das Abziehen, bei dem der Wein durch Umfüllen vom Bodensatz getrennt wird; die Collage, bei der die letzten Schwebeteilchen ausgefiltert werden; die Assemblage, die dem Wein seinen Charakter verleiht, indem man Vorlaufwein und Preßwein, verschiedene Rebsorten und verschiedene Parzellen mischt und so den Grand Vin herausarbeitet, der die Eigenschaften der Lage und die Konzeption in höchstem Maße zum Ausdruck bringt.

Drei Kilometer südlich von Chasse-Spleen, bei Avensan, liegen die 90 Hektar des Cru Bourgeois Château Citran, die Claire ebenso verwaltet wie die 10 Hektar von Château La Gurgue, einem anderen Cru Bourgeois, der unmittelbar westlich an Château Margaux angrenzt. Außerdem sind da noch in der Nachbarschaft von Lascombes die acht Hektar des vollmundigen und harmonischen Château Ferrière, eines Troisième Cru Classé von Margaux. Soviel im Süden. Im Norden, bei Pauillac, kümmert sie sich um den Cinquième Cru Classé Château Haut-Bages Libéral, dessen Haupt-Rebfläche an die Weinberge von Latour anstößt. Auf halbem Wege, auf dem Plateau von Saint-Julien, liegt ihr Gruaud-Larose am Herzen, das neue Prunkstück dieses Imperiums, das Claires Großvater Jacques Merlaut in dreißigjähriger Arbeit aufgebaut hat. Sie muß noch zeigen, was in ihr steckt. So, wie einst ihr Großvater, der erst mit dem Handelshaus Taillan, dann durch diese Aufkäufe von Weingütern (sogar in den Corbières) beweisen wollte, daß die Familien des Bordelais nicht gewillt sind, ihre Weinberge kampflos den in- und ausländischen Finanzgesellschaften zu überlassen.

Grand Vin
Château Poujeaux
Moulis-en-Médoc
MOULIS CONTRÔLÉE
1948
A. J. R. Theil
PROPRIÉTAIRES
75 cl

POUJEAUX

Manche meinen, diesem an Chasse-Spleen angrenzenden und mit ihm rivalisierenden Château gebühre, wenn sie je revidiert würde, ein Platz in der Klassifizierung von 1855. Das tut natürlich gut und niemandem weh, da eine solche Revision ohnehin nicht angesagt ist. Der Cru Bourgeois krankt in der Tat daran, keine wirkliche Klassifizierung zu sein. Die Bezeichnungen der Prämierung von 1978 – Cru Bourgeois Supérieur, Cru Grand Bourgeois und Cru Grand Bourgeois Exceptionnel – bleiben so lange uninteressant, als sie nicht auf dem Etikett stehen dürfen, nachdem eine europäische Verordnung (von 1976!) nur die – obendrein fakultative – Bezeichnung Cru Bourgeois erlaubt. Doch die Bourgeois des Médoc, denen es weder an Adel noch an Anbaufläche (7000 Hektar auf acht Gemeinde-Appellationen) gebricht, geben nicht auf. Ihre Vereinigung beruft sich auf ministerielle Erlasse aus dem Jahre 1972, als Mouton-Rothschild zum Premier Cru aufstieg (vgl. S. 134); sie verlangt eine offizielle Klassifizierung, die freilich auf sich warten läßt. Einstweilen geben sich die Crus Bourgeois kämpferisch und veranstalten seit 1985 jährlich ein Weinproben-Turnier vor einem Publikum von Sommeliers, Chefköchen, Großhändlern, Journalisten und Weinliebhabern. Poujeaux war des öfteren Finalist und Sieger bei diesem »Pokalwettbewerb«, der auf die Initiative des belgischen Journalisten Jo Gryn zurückgeht.

Appella
SAINT-JU

ST JULIEN
MÉDOC
BEYCHEVELLE
Grand Vin 1959
ACHILLE - FOULD
Grand Vin

Château BEYCHEVELLE

LINKS: GROSSE, EHRWÜRDIGE FLASCHEN, EIN NAME, DER SICH WIE EIN SEGEL IM WIND BLÄHT, EINE BERÜHMTHEIT, DIE LÄNGST GEFESTIGT IST – DOCH DAS FLAGGSCHIFF DER APPELLATION SAINT-JULIEN HAT SCHLAGSEITE...

NÄCHSTE DOPPELSEITE: DIE *GARANTIE MUTUELLE DES FONCTIONNAIRES,* EINE BEAMTENVERSICHERUNG, HAT MEHR SINN FÜR ALTE STEINE ALS FÜR WEIN. SIE STECKTE ZWAR GELD IN DIE RENOVIERUNG DIESES IMPOSANTEN UND ELEGANTEN GEMÄUERS, UM DARIN PRESTIGE-VERANSTALTUNGEN ABZUHALTEN, DOCH SIE VERGASS DARÜBER, DASS DAS PRESTIGE DES WEINS EBEN KEINE PRESTIGEANGELEGENHEIT IST.

Die Zeiten haben sich sehr geändert auf Beychevelle. Wie lange noch werden die ruhmreichen Jahre der Vergangenheit die konsternierenden Jahrgänge des gegenwärtigen Jahrzehnts überstrahlen? Wie lange noch wird die imposante und elegante Louis-quinze-Fassade die schon fast schäbig zu nennenden Produktionsmittel und deren vernachlässigten Zustand vertuschen? Die ganze Symbolkraft eines Namens ist in Gefahr. Was heute einen schlaffen Eindruck macht, sind nicht mehr die Segel der Schiffe, die im 16. Jahrhundert, wenn sie das Schloß des Großadmirals Duc d'Épernon passierten, Segel streichen mußten – von daher der Name Beychevelle, in heutigem Französisch *Baisse-Voile* –, sondern ein nobles Gewächs. Magerkeit der Weine von '91 und '92, Adstringenz des '93er, Körperarmut auch des '94er, zu betonte Strenge des '95er, dann endlich ein runder, feiner '96er. Das Urteil ist etwas streng, aber der Enttäuschung angemessen. Früher hat seine Einstufung als Quatrième Cru Classé im Jahre 1855 diesen Wein nie daran gehindert, mit den größten Saint-Julien zu konkurrieren, indem er einen leichten Mangel an Körper durch sehr große Eleganz wettmachte. Also?

Offensichtlich war Beychevelle, seit es von der Familie Fould 1984 an eine Versicherung verkauft wurde, ständig auf der Suche nach neuen Profilen: Karussell beim Management, Hin und Her bei den Vinifizierungsverfahren, häufig wechselnde Finanzpartner. Kurz, Unentschiedenheit und Unschlüssigkeit, wie man es vom Investor, einer Beamtenversicherung, nicht anders erwarten konnte. In französischen Wirtschaftskreisen bespöttelt man diese institutionellen Geldanleger, die sich in den achtziger Jahren mehr und mehr in Weingüter einkauften, weil sie sich davon eine zwar nicht sehr profitable, aber langfristig sichere Kapitalanlage versprachen. Schon recht, solange man das nötige Interesse für die Sache aufbringt und sich nicht vom Prestige blenden läßt, das der Kauf eines Châteaus und seiner Etikette mit sich bringt. Denn hier heißt es, der Banken-Anonymität abzuschwören und in die Geschichte, in die Kultur eines Volkes einzutreten. Das Geld zu zivilisieren, es zu adeln. Was auf die Geldgeber zurückwirkt, die von gewöhnlichen Besitzern zu Leuten von Rang werden. So etwas kann buchstäblich zu Kopfe steigen. Es ist die uralte Geschichte vom Zauberstab, der die ordinäre Kutsche in eine Karosse verwandelt.

1959

OBEN: KELLERGEWÖLBE AUS BEHAUENEM STEIN, IN DENEN DER WEIN NACH DEM VERSCHNITT UND DEM SCHÖNEN MIT EIWEISS NUN STILL DARAUF WARTET, VON DER GESCHÄFTIGEN WELT DER LIEBHABER ENTDECKT ZU WERDEN.

LINKS: DREISSIG JAHRE NACH DEM ERFOLG DES 1959ER ÜBERRAGT DER 1989ER DIE UNSICHEREN JAHRGÄNGE DER LETZTEN BEIDEN JAHRZEHNTE.

In den letzten Jahren haben es viele Investoren versucht. Alle wollten sie in der Karosse fahren und zum Weinadel zählen. Neben Beychevelle wurden allein im Médoc von Versicherungsgesellschaften gekauft: Beaumont, Cru Bourgeois der Appellation Haut-Médoc; Dauzac, Cinquième Cru Classé der Appellation Margaux; Larose-Trintaudon, Cru Bourgeois des Haut-Médoc; Ramage-Labatisse, Cru Bourgeois ebenfalls des Haut-Médoc. Die Versicherungsgesellschaft Axa tat sich besonders hervor und erwarb Pichon Longueville Baron, Deuxième Cru Classé von Pauillac, Cantenac-Brown, Troisième Cru Classé von Margaux, sowie Pibran, Cru Bourgeois von Pauillac.

Was die Banken angeht, so hat der Crédit Lyonnais, der für seine Neigungen zu hochriskanten Finanzmanövern bekannt wurde, sehr kleinkariert gewirtschaftet bei den Crus Bourgeois von Listrac, La Bécade und Moulin de Laborde; die Bank La Hénin erwies sich als etwas vornehmer mit dem hervorragenden Château Meyney, Cru Grand Bourgeois Exceptionnel von Saint-Estèphe, und dem Château Plagnac, Cru Bourgeois des Médoc, die beide zum Cordier-Imperium gehörten, das von Suez (über die Bank La Hénin) ebenso verschlungen wurde wie Gruaud-Larose, Deuxième Cru Classé von Saint-Julien.

Außer der Versicherung Axa, die großzügig investierte und nicht auf die von einem Weingut zu erwartende Durchschnittsrendite von 3% achtete, haben die Käufergesellschaften unterkühlt und ohne große Liebe zum Wein gewirtschaftet. Aber natürlich auch nicht laienhaft. So hat die Besitzerin von Dauzac schließlich André Lurton, einen echten Wein-Profi, engagiert. Und die Inhaber von Beychevelle, die sich erst als Kunstmäzene gebärdeten und das Schloß zu einer zweiten Villa Medici machen wollten, verkauften schließlich 40% ihres Anteils an den japanischen Getränkekonzern Suntory und stellten einen neuen Verwalter ein, dem sie hoffentlich entsprechende Mittel an die Hand geben, damit sich die Segel wieder blähen können.

BRANAIRE-DUCRU

Ein Hundewetter zum Winteranfang. Eisiger Regen peitscht die dichten Nebelschwaden auseinander, die wie ein Wollvorhang die Gebäude beiderseits der Landstraße verhüllen: dort die gezackten Konturen von Beychevelle, hier die geradlinigen von Branaire Ducru. Die Directoire-Linie des Schlosses und die minimalistische Linie der Betriebsgebäude vereinigen sich zu einer Perspektive, die ebenso frösteln macht wie das Wetter. Die kalte Sterilität hier ist noch weniger einladend als der Anschein von Verwahrlosung beim Nachbarn gegenüber. Vom Wunder des Weins, das sich im Dunkeln und in der Stille vollzieht, bleibt hier nichts mehr. Dieses Kelterhaus mit Keller, das 1991 »nach Maß« und, gemäß der neuen Heilslehre von der wohltätigen Schwerkraft, dreigeschossig errichtet wurde, sieht aus wie eine Zuckerfabrik – der neue Chef, Philippe Maroteaux, ist ja auch Zuckerfabrikant. Da er mit Zuckerrohr und Zuckerrübe umzugehen weiß, versteht er sich auch auf die Traube, diesen Rohstoff, der volle Reifung braucht, damit ein großer Wein daraus werden kann. Schön und gut. Aber macht man einen großen Saint-Julien ohne jede Gefühlsregung? Wirklich zu empfehlen sind diese frühreifen und zu gefälligen jungen Branaires nicht. Aber: Kommt Zeit, kommt Gefühl.

1959
1959
1959
1959
1959
1959
1959
1959

DUCRU-BEAUCAILLOU

LINKS: DIE LOKALGESCHICHTE BEHAUPTET, 1959 SEI DER ERSTE JAHRGANG GEWESEN, DER ALS »JAHRGANG DES JAHRHUNDERTS« GERÜHMT WORDEN SEI. DIE BEZEICHNUNG WURDE GELÄUFIG, JETZT TRAGEN SIE SCHON MEHRERE JAHRGÄNGE AUS EINEM EINZIGEN JAHRZEHNT.

NÄCHSTE DOPPELSEITE: EIN GROSSER LANDSITZ AUS DEM ANFANG DES 19. JAHRHUNDERTS MIT ZWEI WUCHTIGEN, GEDRUNGENEN TÜRMEN, GANZ IM STIL DER »GELD-RENAISSANCE« DES SECOND EMPIRE. DIE FAMILIE BONIE, DIE DAS SCHLOSS BEWOHNT, GENIESST EINE PRÄCHTIGE AUSSICHT AUF DIE GIRONDE, EINE PALMENGRUPPE IM VORDERGRUND LÄSST DEN BLICK IN DIE FERNE SCHWEIFEN.

Sind die Kiesel bei diesem Ducru so viel schöner als anderswo, daß sich der Weingarten am Rande des Plateaus von Saint-Julien, nur Steinwürfe vom Fluß jenseits der Schwemmebene entfernt, Beaucaillou, also »schöner Kiesel«, nennen darf? Vielleicht. Hell wie in Latour und dunkel wie in Lafite, kieselartig wohlgeformt, groß und rund – paßt zu den Ducru-Beaucaillou-Weinen, die im allgemeinen schwer und rund sind –, schimmern diese Steine wie Diamantenketten an den langen und gewundenen Hälsen des finsteren Heers der Stöcke, deren Wurzeln sich tief ins Geröll des frühen Quartärs mit seinen sonderbaren Einlagerungen von eisenhaltigem Lehm hinunterbohren. Winterliches Traumbild des nackt und bloß liegenden Weinbergs, Expressivität und Unsagbarkeit in düsterer Schönheit zusammenfassend. Unter der tiefen Sonne oder im Dunst der Nebelschwaden gemahnt die Arbeit des Rückschnitts ans Einbalsamieren. In regelmäßigen Abständen brennen Rankenfeuer. Die dünnen Korbweiden-Bänder rollen sich um die amputierten Glieder wie Mumien-Bandagen. Die Stützpfähle ragen empor wie Grabstättenpflöcke. Diese Vision, die der irrealen Bilderwelt des aus Bordeaux stammenden Malers Odilon Redon alle Ehre machen würde, ist gleichwohl, trotz ihrer düsteren Strenge, keine Sühnezeremonie, sondern die planmäßige Vorbereitung der Auferstehung. Der Weinstock ersteht immer wieder von den Toten.

Bis der nächste Kreislauf einsetzt, geht das Leben des Weins zwischen Kelterhaus und Keller (in Ducru-Beaucaillou wurden sie eben erneuert) seinen Gang. Vorlaufwein, dann Preßwein, Faß mit obenliegendem Spund fürs erste Ausbaujahr, Faß mit seitlichem Spund fürs zweite, dabei ist man noch am Planen. Wasserdampf draußen, Weindampf drinnen, der Schleier über der Kreation wird immer dichter. Die Farben verändern sich: Das Rot tendiert vom Granatrot zum Schwarz. Die Aromen drängen sich vor, aber sie sollen nicht dominieren, sondern sich herausstellen in einer Komposition, in der sich schwarze Früchte (Heidelbeere, Brombeere, schwarze Johannisbeere) mit Gewürzkuchen und Toastbrot, Stangenvanille mit Havannatabak vertragen. Eine Collage aus lebender Natur entsteht da im eichenen Rahmen, dessen Tannine, anders als die von Traubenschale und Kamm, für diese echte Patina, für diese Fähigkeit zu altern sorgen, die das Geheimnis des Weins noch geheimnisvoller macht.

DER »LAFITE-ROTHSCHILD VON SAINT-JULIEN« HAT REICHLICH FÜLLE UND ELEGANZ – EINE KONSTANTE BEI DEN JAHRGÄNGEN 1961, 1970, 1982, 1985, 1994, 1995 UND 1996, ALLE NACH DEM JAHR 2000 ANGEMESSEN ZU WÜRDIGEN …

1975
1955
1982
CHATEAU DUCRU-BEAUCAILLOU
APPELLATION SAINT-JULIEN CONTROLÉE
SAINT-JULIEN
APPELLATION SAINT-JULIEN CONTROLEE
DUCRU-BEAUCAILLOU
St JULIEN-MEDOC
1945

SAINT-PIERRE

Diesen Schlüssel des heiligen Petrus hat Henri Martin geschmiedet. Man könnte auch sagen *Gloria in excelsis Deo*, denn es ist dem Cru Bourgeois Château Gloria, den er zunächst aufbaute, zu verdanken, daß der, den man die »Seele des Médoc« nennt, diesen Quatrième Cru Classé nach einem Jahrhundert der Flurverzettelung zu neuem Leben erweckte. Parzelle für Parzelle kaufte er das Verstreute auf, bis er 1981 ein Gut von 17 Hektar beieinander hatte. Dieser Weinbauer, Enkel eines Kellermeisters von Gruaud-Larose und Sohn eines Küfers, war vierzig Jahre lang Bürgermeister von Saint-Julien, ein halbes Jahrhundert lang Generalsekretär des Weinbauverbands der Appellation, achtzehn Jahre lang Präsident des *Conseil interprofessionnel des vins de Bordeaux,* außerdem Präsident der Union der Weinbauverbände des Médoc und Vorstandsmitglied der INAO. Sein eigentlicher Ehrentitel ist aber der eines Großmeisters der *Commanderie du Bontemps de Médoc et des Graves,* die er 1949 nach dem Vorbild der *Jurade de Saint-Émilion* ins Leben rief. Diese Vereinigung, deren Ziel die Förderung der Weine des Médoc und des Graves ist, inthronisiert Prominente aus der ganzen Welt, Fürstenhäupter und Filmstars, immer im Hinblick auf größtmögliche Publizität. Schaumschlägerei buchstäblich: Bis heute wird tausendfach und weltweit das *bontemps* verliehen, jenes Holzinstrument, mit dem man das fürs Schönen verwendete Eiweiß schaumig schlägt. Ehre sei dem heiligen Martin von Saint-Pierre!

1909
1900
CORDIER
GRAND CRU CLASSÉ
CHATEAU GRUAUD-LAROSE
LE ROI DES VINS LE VIN DES ROIS
APPELLATION SAINT-JULIEN CONTRÔLÉE
CORDIER
GRAND CRU CLASSÉ
CHATEAU GRUAUD LAROSE
LE ROI DES VINS
APPELLATION SAINT-JULIEN
GRAND VIN 1955
SAINT-JULIEN (HAUT-MEDOC)
GRAND VIN 1937
BORDEAUX
CORDIER
GRAND CRU CLASSÉ
1986
Château
Gruaud Larose
SAINT-JULIEN

Château GRUAUD-LAROSE

EIN STEINREICHER TEXANER VERANSTALTETE 1990 IN FORT WORTH EINE HISTORISCHE WEINPROBE MIT 170 JAHRGÄNGEN VON GRUAUD-LAROSE, AB 1989 RÜCKWÄRTS BIS 1819. DIE MEISTEN ALTEN JAHRGÄNGE (1819, 1834, 1870) HATTEN NOCH DIE FÜR DIESEN DEUXIÈME CRU CLASSÉ SEHR TYPISCHEN MERKMALE: AROMATISCHE, DEUTLICHE NASE, FINESSE UND LANGER ABGANG.

Vom dreißig Meter hohen Turm aus betrachtet wogen die etliche tausend Hektar Rebflächen von Saint-Julien wie ein grünes Meer. Verstreut bis zur Gironde, die den Horizont bildet, gleichen die Gebäude von Lagrange, Léoville, Talbot, Langoa und Ducru-Beaucaillou schweren Ozeandampfern, die um ihr Flaggschiff Beychevelle herum vor Anker liegen. Noch märchenhafter ist der Anblick, wenn Schnee die Landschaft bedeckt. Da erhält diese große weiße Stille die ganze Intensität der großen schwarzen Stille im Keller. Als hielte der oberste Mystagoge in seinem Werk der Weinschaffung inne und träte aus dem Tempel heraus, um die fruchtbringende Erde zu weihen. Ein intensiver, magischer, seltener Augenblick, mit Jahreszahl!

»Von diesem Turm blicken zweieinhalb Jahrhunderte Weingeschichte auf Sie herab«, hätte, wie einstmals Bonaparte im Angesicht der Pyramiden, der Generaldirektor der Suez-Gesellschaft ausrufen können, als seine Truppen das Cordier-Reich stürmten und 1983 das größte Exporthaus von Bordeaux und Güter wie Gruaud-Larose in Besitz nahmen. Er dachte gar nicht daran. Ebensowenig, wie er daran dachte, dieses Château zu behalten, dessen Besitzer nacheinander ein *Sieur Gruaud, grand bourgeois de Bordeaux,* ein Larose-Erbe, ein Baron Sarget und drei Cordier-Generationen waren, die alle der Devise gehorchten: »Der König des Weins, der Wein der Könige.« Nachdem es 1993 an einen anderen General, den Direktor von Alcatel-Alsthom, verkauft wurde, wird nun Gruaud-Larose in den Genuß einer grundlegenden und spektakulären Verjüngungskur seiner Betriebsgebäude kommen. Unter den ausgefallenen Ideen von Pierre Suard (ein unterirdischer Keller, er wollte einen »richtigen«!) sei die Brauchwasseraufbereitung genannt. Endlich eine Innovation! Da zur Herstellung von einem Liter Wein fünf bis zehn Liter Wasser benötigt werden, war es an der Zeit, sich über die Erhaltung der Grundwasservorräte Gedanken zu machen, denn die Wurzeln der Reben sind auf sie angewiesen. Der Initiative von Georges Pauli, dem sehr dynamischen technischen Leiter von Gruaud-Larose und Bürgermeister von Saint-Julien, ist es zu verdanken, daß alle Besitzer der Grands Crus der Appellation bereits 1998 das Wasser wiederaufbereiten. Wie gut sich Wasser und Wein auf einmal wieder vertragen!

RECHTS: DIE VINOTHEK VON GRUAUD-LAROSE ENTHÄLT EINE SELTENE SAMMLUNG VON GEWÄCHSEN, DIE ZUM TEIL 150 JAHRE ALT SIND. HOFFEN WIR, DASS UM 2100 HERUM NOCH EIN PAAR FLASCHEN VON 1996, DEM »JAHR DES CABERNET SAUVIGNON«, ÜBRIGBLEIBEN.

NÄCHSTE DOPPELSEITE: JACQUES MERLAUT, DER GRUAUD-LAROSE 1997 KAUFTE, MACHTE EIN GUTES GESCHÄFT MIT DEM NEUEN CHEF VON ALCATEL, DEM DAS HOBBY SEINES VORGÄNGERS ZU KOSTSPIELIG WAR: RENOVIERTES WOHNGEBÄUDE, ERNEUERTER PARK, NEUE KELLER MIT 2400 BARRIQUES VOLL WEIN VON 600000 REBSTÖCKEN.

1872
1863
1876
1868

LAGRANGE

An einem stillen, kalten Dezembermorgen des Jahres 1983 geht über dem Plateau von Saint-Julien eine rote Sonne auf: Die japanische Flagge wird auf dem Turm von Château Lagrange gehißt! Suntory, der größte japanische Getränke- und Spirituosenkonzern, hat sich einen Troisième Cru Classé genehmigt. Die ganze Weinprominenz von Bordeaux gerät über diesem Coup des eroberungslustigen Yen in ein Spekulationsfieber. Frankreich ist sprachlos, oder vielmehr: spricht nur noch von der neuen gelben Gefahr. Wer war das, wer hat dieses Sakrileg begangen und nationales Erbe verschachert? Spanische Basken waren es, verehrter Herr, die Familie Cendoya! Sie konnten das Weingut, von dem sie bereits etliche Parzellen an Nachbarn verkauft hatten, nicht mehr halten und waren froh, einen sehr zahlungskräftigen Käufer zu finden. Sogleich träumen auch andere angeschlagene Gutsbesitzer von Barriques voller Yen, während Schwarzseher das Verschwinden des französischen Weinkapitals prophezeien. Und was ist achtzehn Jahre danach? Suntory ist nach wie vor der einzige japanische Besitzer eines klassifizierten Cru des Médoc (allerdings hat es 40% von Beychevelle übernommen), und der englische Bierbrauer Bass Charington bleibt mit Château Lascombes in Margaux der einzige sonstige Anleger aus dem Ausland. Also ganze zwei Crus Classés von sechzig!

Mit reichlich Yen-Kapital, aber vor allem mit viel Liebe und um beste Arbeit *à la française* bemüht, haben die Suntory-Chefs Keizo Saji und Shin Torii dem Château wieder zum alten Glanz verholfen. Die Wiederbewirtschaftung von 113 Hektar Rebfläche bei vollkommen erneuerter Bewässerung, die fünfzig neuen doppelwandigen Tanks mit Wärmetauschern, den neuen 110 Meter langen Keller mit computergestützter Temperaturregelung (die erste im Médoc) – das alles hätten die japanischen Techniker auch allein machen können. Die Suntory-Leute besaßen jedoch die Klugheit, Professor Peynaud um ein Gutachten zu bitten, Michel Delon, der sein Léoville-Las Cases mit den Premiers Crus Classés gleichziehen ließ, als Berater zu engagieren, den hervorragenden Önologen Marcel Ducasse mit der Leitung des Gutes zu beauftragen und dem einheimischen Handel die Kommerzialisierung des von Jahr zu Jahr besser ausfallenden Weines zu überlassen. Eines Weines, dessen sich die Franzosen unter der Sonne Japans nicht zu schämen brauchen.

EIN WEIN, DER NICHT IMMER DIE IHM GEBÜHRENDE WERTSCHÄTZUNG GENIESST, SEIT ER EINEM JAPANISCHEN KONZERN GEHÖRT. MIT IHRER SCHÖNEN KONZENTRATION KÖNNEN SICH DIE JAHRGÄNGE 1986, 1989, 1990, 1995 UND 1996 MIT DEN GROSSEN SAINT-JULIEN-WEINEN MESSEN.

GRAND CRU CLASSE
1985
CHATEAU LAGRANGE
SAINT-JULIEN
APPELLATION SAINT-JULIEN CONTROLEE
MIS EN BOUTEILLE AU CHATEAU
PRODUCE OF FRANCE
1959
MIS EN BOUTEILLES AU CHATEAU
Chateau Lagrange
Grand Crû St. Julien (medoc)
APPELLATION SAINT-JULIEN CONTROLEE
M. CENDOYA
APPELLATION SAINT-JULIEN CONTROLEE
CHATEAU LAGRANGE

WIE DIE WEINE, SO SIND AUCH DIE SCHLÖSSER DES MÉDOC OFT VERSCHNITTE. LAGRANGE, EIN TROISIÈME CRU CLASSÉ, IST EINE PROMENADENMISCHUNG AUS LUDWIG XVI. UND TOSKANISCHEM NEO-PALLADIO-STIL. SEINEN GLANZ ERHÄLT ES ZU GLEICHEN TEILEN AUS DEN YEN-KURSEN UND AUS DEN WASSERFLÄCHEN, DIE IHM ALS SPIEGEL DIENEN.

TALBOT

Das Wetter ist so launenhaft wie die Wettervorhersage ein Vabanquespiel. Gute oder schlechte Laune auch beim Weinbauern des Médoc, je nachdem, ob das Wetter für seine Weinstöcke gut oder schlecht ist. Nur die Kieselgeröllbuckel nehmen es klaglos hin, denn sie sind wenig empflindlich für Temperaturschwankungen, die sie durch ihre Rundung abmildern, sie leiden nie unter Sonnenbrand, weil sie die Wärme voll an die Reben weitergeben, sie erweichen nicht unter Wolkenbrüchen, weil sie den Regen bis zum Grundwasser ablaufen lassen. Bloß ein bißchen hochnäsig sind sie, ungeachtet ihrer geringen Höhe, denn nur sie allein können die größten Weine der Welt hervorbringen! Freilich lassen sich einige, die etwas zu lasch in der Ebene liegen, durch ihren Hochmut zur Nachlässigkeit in Sachen Feuchtigkeitshaushalt der Pflanzen verleiten. Ableiten ist dann angesagt: Drainage.

Kaum waren Nancy und Lorraine, die Töchter von Jean Cordier, 1993 Besitzer von Château Talbot geworden – oder vielmehr Wiederbesitzer, denn Talbot ist der Familiensitz –, ließen sie die Drainage der hundert Hektar Rebfläche instand setzen und erweitern. Ihr Quatrième Cru Classé begeistert die Liebhaber mit seiner vollkommenen Harmonie, seinem eleganten Bukett, seinem raffinierten Fruchtton und seinen Tanninen, die geschmeidiger sind als bei anderen, konzentrierteren Saint-Juliens. Gleichwohl bemängelten »versierte« Verkoster bei ihm »Bauernhof-Reminiszenzen« oder »Pferdestallgeruch«. Doch, doch! Gewisse Nasen bräuchten zuweilen auch eine Drainage ...

LÉOVILLE-BARTON
ST JULIEN
1949
BARTON
PROPRIÉTAIRE
APPELLATION SAINT-JULIEN CONTROLÉE
EN BOUTEILLE DU CHATEAU
CHÂTEAU
LÉOVILLE BARTON
1986
CRU CLASSÉ EN 1855
SAINT-JULIEN
750 ml
APPELLATION SAINT-JULIEN CONTROLÉE
MIS EN BOUTEILLE AU CHATEAU

Château LÉOVILLE-BARTON

GRANDIOSE WEINE ZU VERNÜNFTIGEN PREISEN. DARIN LIEGT MEHR ALS EHRLICHKEIT, NÄMLICH WÜRDE. DER 1997ER WIRD ÄHNLICH AUSFALLEN WIE DER 1995ER, DER MIT SOLIDER STRUKTUR UND GEKOCHTEN FRÜCHTEN IM MUND DEM SEHR BEDEUTENDEN 1985ER ÄHNELN SOLL. DAS JAHR 2000 FEIERN WIR MIT EINEM 1982ER, NOTFALLS MIT EINEM 1945ER!

Ein richtiger Schriftsteller-Schreibtisch. Vor dem Computerzeitalter. Aufgetürmte Bücher, Hefte und lose Blätter bedecken fernab jeder Ordnungspolitik die polierte Eichenplatte. Der alleinige Herrscher darüber findet sich auch so zurecht. Die Mauern sind mit Bücherregalen, zahllosen alten Stichen und Photos bedeckt. Auf dem Fußboden Werkzeug, Stiefel und alte Bälle. Lockere, generöse Behaglichkeit, auf die man sich einlassen muß. Das harte, vom Regenvorhang gedämpfte Winterlicht läßt das etwas düstere Zimmer erglänzen. Ein Geruch nach echtem Möbelwachs. Tierische Düfte, auf den herumwirbelnden jungen Hund zurückzuführen, überdecken einen alten Rest von Tabakgeruch. Der abgewetzte Teppich am Boden wirft Falten wie ein Tannin-Depot im Glas. Das Ganze ist angenehm unaufdringlich, voller Wärme, von fabelhafter Konzentration: ein Genuß. »Meine Rumpelkammer«, sagt Anthony Barton, der sechste seines Namens, im ernsten und zugleich unbeteiligten Ton eines irischen Gentleman, der wie seine Vorfahren nur eine Heimat hat: die Weingüter Léoville und Langoa.

Anthony Barton besitzt die elegante Diskretion der diskreten Eleganz. Was keineswegs heißt, daß er nicht deutlich werden kann. Wenn er sagt, es komme »auf die Herkunft der Trauben an, nicht auf das Behältnis«, so meint er damit, daß er für den Fruchtgeschmack plädiert und die Mode der starken Extrakte durch zu viele neue Barriques verdammt. Und wenn er hinzufügt, »daß nicht die Wände den Wein ausmachen«, so heißt das, daß er von den baulichen Extravaganzen bestimmter Einrichtungen nichts hält und daß ihm die Einrichtungen von Langoa, wo er grandios und mit viel Verstand seine Deuxièmes und Troisièmes Crus Classés vinifiziert, in ihrer Einfachheit genügen – so, wie sie 1826 entstanden, als Hugh Barton ein Viertel der Weinflächen von Las Cases kaufte, allerdings ohne Betriebsgebäude, weshalb er »sein Léoville« im Château Langoa schuf, das er 1821 gekauft hatte. Damit hat sich's. Und diese Weine sind so reizvoll, so fein, so ausgeglichen, so reich und so kraftvoll wie ihr Schöpfer. Die Symbiose geht bis zur Verschmelzung der Charaktere, so sehr gehen die Eigenarten des einen in den Eigenarten des anderen auf. Die Weine von Léoville und von Langoa sind purer Barton und umgekehrt. Das ist unbestreitbar. Und selten.

EIN SCHLOSS MIT SEELE – EINER SEELE, DIE NICHT ZUM VERKAUF STEHT. AUF EIN GERADEZU PHANTASTISCHES ANGEBOT ERWIDERTE ANTHONY BARTON: »MAN MUSS VERRÜCKT SEIN, ZU DIESEM PREIS NICHT ZU VERKAUFEN. NUR EBEN… ICH BIN VERRÜCKT!« ZUM GLÜCK.

MIS EN BOUTEILLE
AU CHATEAU
RÉCOLTE 1934
GRAND VIN DE LEOV
AU CHATEAU

LÉOVILLE-LAS CASES

OBEN UND LINKS: DER »GRAND VIN DE LÉOVILLE« VERDIENT SEINEN NAMEN DURCH SEINE FÜLLE, SEINEN REICHTUM, SEINE APOTHEOSE VON FRUCHTAROMEN. DAS AUSSERGEWÖHNLICHE IST BEI MICHEL DELON NICHT DIE AUSNAHME, SONDERN DIE REGEL. AUCH WENN ER DIE GEBÄUDE DES CHÂTEAU DE LÉOVILLE MIT POYFERÉ TEILEN MUSS.

NÄCHSTE DOPPELSEITE: ALS ÄUSSERSTE LAGEN VON SAINT-JULIEN ERSTRECKEN SICH DIE WEINBERGE VON LÉOVILLE-LAS CASES AUF FAST 100 HEKTAR ZWISCHEN DER STRASSE UND DER GIRONDE. DAS SCHÜTZTE SIE GEGEN DIE FRÖSTE, DIE ES 1991 UND, SCHLIMMER, 1956 GAB. DIE WEITRÄUMIGSTE FLUSSMÜNDUNG EUROPAS (72 KM LANG UND 3 BIS 11 KM BREIT) IST IN DER TAT EIN GUTER TEMPERATURAUSGLEICH.

Ab dem Ortsende von Saint-Julien bis fast nach Latour ist die Straße von Mauern und Mäuerchen gesäumt; rechter Hand einige Säulen mit Löwen als Wächtern vor dem großen Portal aus grauem Stein, auf dem ebenfalls eine Großkatze prangt. Das kleine eiserne Gittertor, das eher einem Dorffriedhof anstehen würde, öffnet sich nicht auf eine schöne Allee, sondern auf einen sanften, mit Weinstöcken bewachsenen Hang. Eine Weile hat man den Eindruck, in Burgund zu sein. Die Inschrift über dem Tor, »Clos Léoville-Las Cases«, trägt dazu bei, denn *clos* ist im Bordelais eher unüblich als Bezeichnung für ein Weingut oder gar einen einzelnen Weinberg. Eine der letzten Benennungen dieser Art, die man hier lieber vergißt, war im Jahre 1943 das »Clos du Maréchal«, mit dem man Marschall Pétain, dem französischen Staatschef unter der deutschen Besatzung, zu Gefallen sein wollte. Jedenfalls dürfte im 18. Jahrhundert der Marquis de Las Cases, der das größte Weingut von Saint-Julien und des Médoc überhaupt besaß, feinere Manieren und ein besseres Gespür für die Etikette gehabt haben. Er war stolz auf seinen Wein, und trotz der Dreiteilung seiner Ländereien (Barton, Poyferré und Las Cases) wäre er es auch heute noch, wenn er wüßte, daß Léoville-Las Cases nach wie vor als das erste Gewächs von Saint-Julien gilt und daß es vorzügliche Önologen und versierte Liebhaber gibt, die ihm den Rang eines *vice-premier grand cru classé* zuteilen. Vom Amerikaner Robert Parker, der als Oberlehrer Lob und Tadel verteilt – er stellt sogar ein Bleistift-Aroma fest! –, bekommt der Jahrgang '82 die Höchstnote 100, dieselbe wie Mouton-Rothschild, während die anderen Premiers Crus einen oder zwei Punkte darunter bleiben. Wer möchte da noch behaupten, Vollkommenheit sei nicht von dieser Welt? Der göttliche Marquis Parker bestimmt nicht! Wie dem auch sei, erhabenes Gelingen kommt von Können, man muß zum Beispiel die herrliche Frucht außergewöhnlicher Böden durch unbarmherziges Auslesen noch herrlicher machen können, man muß in gewissen Jahren (1991) die Hälfte der Ernte aus der Komposition des Grand Vin ausschließen können, oder den Anspruch so hoch schrauben können, daß man 60% der Ernte von 1995 opfert, indem man sie deklassiert. So gelangt man von der Kunst des Weinmachens zum *l'art pour l'art* und von der Weinflasche zum Parfumflakon. Für Sammler.

CLOS

VILLE – LASCA

Appellation
PAUILLAC

GRAND VIN
DE
PAUILLAC
1983

Château LATOUR

OBEN: EIN KLEINES BÜRGERHAUS OHNE BESONDERE ANZIEHUNG FÜR DIE HERREN DES ORTS. OHNE IHR GELD KOMMT DER ORT NICHT AUS, OHNE IHRE ANWESENHEIT SEHR WOHL…

LINKS: DIE GESCHICKE VON CHÂTEAU LATOUR LIEGEN EHER IN DEN HÄNDEN DES *RÉGISSEUR,* DES GUTSVERWALTERS, UND EINIGER WINZER ALS IN DENEN DES BESITZERS. DER LATOUR IST EIN WEIN DER ERWARTUNG, DER NIE ENTTÄUSCHT. WENN MAN SICH SEINEN LEICHTEN KAFFEE- UND SCHOKOLADENAROMEN ÜBERLÄSST, KÖNNTEN EINEM ZWEIFEL KOMMEN, OB ES 1991 WIRKLICH FRÖSTE GEGEBEN HAT.

Ein verhangener Morgen Ende März. Die Nebelschwaden lassen die Rebstöcke aus dem Nichts auftauchen. Die Gironde unten am Hang scheint in Griffnähe zu rücken und alles verschlucken zu wollen. Drei dunkle Gebäude heben sich schemenhaft ab. Das höchste, ein schiefergedeckter Kubus von den Ausmaßen kleinbürgerlicher Großmannssucht, ist das Schloß. Links davon, in einigem Abstand, ein runder Steinkoloß, der Turm. Diesseits, auf der einen Seite offen, ein Geviert, das eher mit einem Bauerngehöft als mit einem romanischen Kreuzgang zu vergleichen wäre: Château Latour, der geheimnisvollste der drei Premiers Crus Classés von Pauillac.

Latour läßt sich nicht greifen. Es existiert, und gleichzeitig existiert es nicht. Es gehört niemandem, außer sich selbst. Auch wenn François Pinault um die sieben Millionen Franc dafür zahlte, als er es von der englischen Gruppe Allied-Lyons übernahm, ist er hier weniger Besitzer als in seinen Warenhäusern. Daß es das Lieblingskind des neuntreichsten Mannes von Frankreich ist, rührt Latour nicht an. Gestern englisch, heute französisch – Latour hat nur eine Identität: sich selbst und seine Verwurzelung im Médoc. Seit fast dreihundert Jahren ist der Wein groß, einzigartig. So groß und so einzigartig, daß sich einige Liebhaber fragen, ob sie lange genug leben werden, um ihn in seiner ganzen Fülle kosten zu können. Andere, die älter und weiser sind, trinken ihn nie: Sie überlassen ihn der Nachkommenschaft als Kulturvermächtnis. Wer trinkt also den großen Château Latour? Wer erliegt seiner Tiefe an Farbe, seiner klassischen Cabernet-Nase, seiner Konzentration in Frucht und Tannin?

Die Frage ist müßig! Es gibt ihn, und er braucht keine markante Besitzerpersönlichkeit, weil – das ist der Schlüssel zu seinem Geheimnis – die Tradition ihm alles gibt. Diese Tradition wird fortgeführt von Leuten, die weder Rang noch Namen, aber eine jahrzehntelange intime Vertrautheit mit dieser fast göttlich zu nennenden Weinwerdung besitzen: die Faures de Latour, die seit fünf Generationen als Chefwinzer die Rebe, das einzige Kapital des Châteaus, hüten und pflegen, und die Malbec, die als Kellermeister, zunächst in Edelstahltanks, dann in den düsteren Kellern mit den schimmelbedeckten Wänden fürs zweite Jahr, diesen ebenso überragenden wie diskreten Wein ausbauen, der ein Mythos ist.

DER TURM VON LATOUR IST NICHT DER TURM VON LATOUR. AUF DESSEN ETIKETT NÄMLICH IST EIN AUS DEM 14. JAHRHUNDERT STAMMENDER WEHRTURM MIT ZINNEN UND SCHARTEN ABGEBILDET, DER IM HUNDERTJÄHRIGEN KRIEG BALD IN ENGLISCHER, BALD IN FRANZÖSISCHER HAND WAR. DER TURM AUF DEM PHOTO WURDE IM 18. JAHRHUNDERT ZUR BEAUFSICHTIGUNG DER WEINBERGE ERRICHTET, DIE SO GEPFLEGT SIND WIE DIE PERÜCKE EINES LORDS.

PICHON-LONGUEVILLE-COMTESSE-DE-LALANDE

OBEN: »ICH WILL, DASS NACH MIR EIN UNVERGESSLICHER WEIN BLEIBT« (COMTESSE DE LALANDE, 1794–1882). DAS GILT NACH WIE VOR FÜR DIESEN SECOND CRU CLASSÉ UND ENTSPRICHT NACH WIE VOR WEIBLICHEM WOLLEN.

LINKS: EIN WIRKLICH BEWOHNTES SCHLOSS. DAS IST SELTEN UND GANZ SEINEM WEIN ENTSPRECHEND. SEHR SELTEN. DAS WEIBLICHE TROTZT DER ZEIT. OPULENZ UND REICHHALTIGKEIT ERSETZEN GROSSTUEREI. HIER IST ALLES FINESSE, CHARME UND SINNENLUST.

Entlang der Terrasse, die den zur Hälfte unterirdischen Keller trägt, bilden die stramm ausgerichteten Weinstöcke von Latour mit ihren glatten Pfosten und ihren zum Frühlingsanfang kurzgeschorenen Häuptern einen Belagerungsring um Pichon-Longueville-Comtesse-de-Lalande. Aber was hat man hier von einem Ersten zu befürchten, wenn man behaupten kann, Erster der Zweiten zu sein. Auch behauptet man ja nichts, man genügt sich selbst: Hier ist »man« Frau seit eineinhalb Jahrhunderten. Es gibt nur eine »Comtesse«.

Die weibliche Präsenz zeigt sich überall. Von den Salons zum Rosengarten, vom Kelterhaus zu den Kellern wird die Poesie des Weins und des Lebens gepflegt. Bacchus könnte eifersüchtig werden. Andere auch... Wie einstmals Virginie, Comtesse de Lalande, ist heute Mary Éliane de Lencquesaing Herrin auf Pichon. Sie wohnt wirklich im Schloß, das um 1840 vom Architekten Duphot im Stil des Hôtel de Lalande in Bordeaux erbaut wurde. Im Salon voller Familien-Erinnerungsstücke veranschaulichen die romantisch-aufgewühlten Bilder von Virginies Schwester Sophie einen Wesenszug der hier vorherrschenden Weiblichkeit: Leidenschaftlichkeit, gepaart mit Unbedingtheit.

Leidenschaftliche Liebe zum Schüler des Malers François Gérard mit seinen lyrischen, von der Ossian-Dichtung angeregten Kompositionen. Sophie verzweifelte daran und trat in das Kloster der Augustinerinnen in München ein. »Ihr seht mich nie wieder im Médoc!« rief sie aus, als sie von Pichon abreiste.

Leidenschaftliche Liebe zur Rebe und zum fruchtbaren Weingut bei der jungen Comtesse aus Bordeaux, die unverzüglich das Erbteil der »Mädchen« aus dem aufgeteilten väterlichen Gut übernahm (das Erbteil der »Knaben« wurde zu Pichon-Longueville-Baron). Sie könnte ausgerufen haben: »Ihr seht mich nur noch im Médoc!« Sie leistete hier Großartiges und machte einen großartigen Wein.

Leidenschaftlicher Unternehmergeist bei der energischen Mary Eliane, die Virginies Werk fortführt und es weit über den Médoc hinausträgt, indem sie in Singapur oder Neu-Delhi einen Comtesse de Lalande präsentiert, der von höchster Feinheit ist, reicher als ein Saint-Julien, üppiger, opulenter als jeder andere Pauillac. Eine ganz und gar feminine Komplexität.

MASSVOLLE ZURÜCKHALTUNG AUCH IN DEN FLUCHTLINIEN DES DACHS, STRENGE AUCH IN DER ANORDNUNG DER FENSTER. VON DER TERRASSE HAT MAN EINEN STIMULIEREN- DEN BLICK AUF CHÂTEAU LATOUR UND EINE ERHEBENDE AUSSICHT AUF DIE GIRONDE.

UNGEWÖHNLICH IN DER APPELLATION PAUILLAC: DER HOHE MERLOT-ANTEIL (35 %) GEGENÜBER DEM CABERNET SAUVIGNON (45 %). ER BRINGT FARBE, SCHWERE UND GESCHMEIDIGKEIT WIE SONST NIRGENDS. GROSSE KONZENTRATION UND AROMATISCHE KOMPLEXITÄT GEWÄHRLEISTEN EINE LANGE HALTBARKEIT.

DE PICHON LONGUEVILLE
C.TESSE DE LALANDE
1961
PAUILLAC
1928
1934

Château PICHON-LONGUEVILLE-BARON

Ein fast zu starkes Stück, dieses 1851 vom Baron Raoul Pichon de Longueville – Bruder der Virginie, Comtesse de Lalande – erbaute Märchenschloß mit seinen spitzen Türmen. Unter dem Zauberstab von Claude Bébéar, dem Generaldirektor der Versicherungsgruppe Axa, ist es in die Nähe der Kulissenwelt von Cecil B. de Mille geraten. So daß man, wenn man vor dem künstlichen See steht, der die neuen, in den achtziger Jahren errichteten Betriebsgebäude vom Schloß trennt, Lust bekommt, Stendhals Kritik an Cos d'Estournel (vgl. S. 149) entsprechend abzuwandeln: »Dieser wenig elegante Bau in blasser Ockerfarbe gehört in Wirklichkeit überhaupt keinem Stil an; er ist weder ägyptisch noch Inka, er ist sehr belustigend und könnte eher Hollywood-Genre sein …«

»Etwas Disneyland schon«, räumt leicht gereizt der Urheber des Projekts, Jean-Michel Cazes, ein, »aber man kann jährlich 50 000 Besucher empfangen und ihre Neugier befriedigen, ohne die Leute zu stören, die mit der Herstellung eines Grand Cru Classé beschäftigt sind.« Nun, die Zeiten, wo jeder, der sich im Schloß anmeldete, eine Mahlzeit serviert bekam, sind vorbei. Auch darin haben sich die Zeiten geändert: Jetzt ist Weintourismus angesagt. Alle Châteaux des Médoc mußten sich wohl oder übel danach richten. Es geht ums Image, dessen Pflege am Entstehungsort beginnen muß, so wie die Qualität des Weins in erster Linie vom *terroir* abhängt. Die stolzen Schlösser und die Prunkorgien der Rothschilds und Foulds aus der Mitte des 19. Jahrhunderts sind zur leeren Hülse geworden und taugen bloß noch als Hintergrund fürs Etikett. Die technische Revolution im ausgehenden 20. Jahrhundert entwickelt sich dahin, wohin sich der der gesamte Kommerz entwickelt hat, nämlich zum Großmarkt: Der dort hat einen kreisförmigen Keller, dann will ich ein kreisförmiges Keltergebäude! Und der Wein bei soviel Zirkus? Die Kritiker der Modernität werden es nicht glauben wollen: Er schlägt das Rad wie der Pfau, prächtig und irgendwie gleichgültig.

OBEN: DAS KELTERHAUS AUS DEM 19. JAHRHUNDERT NIMMT SICH NEBEN DER ARCHITEKTONISCHEN MASSLOSIGKEIT DER BETRIEBSGEBÄUDE DES NEUEN PICHON WIE EINE KLEINE PROVINZMANUFAKTUR AUS. MIT DER POESIE SOLCHER ORTE KÖNNEN DIE GÖTTER DES WEINS NICHTS ANFANGEN.

RECHTS: FÜR DAVID PEPPERCORN IST DIESER SECOND CRU CLASSÉ »DIE QUINTESSENZ VON PAUILLAC IM VERGLEICH ZU DEN FEMININEREN WEINEN DER COMTESSE (…) EINE WOHLDOSIERTE KOMBINATION DES REICHTUMS DER MATERIE MIT DEM AUSDRUCK DER LAGE.«

1978
PICHON-LONGUEVILLE
BORDEAUX
GRAND CRU CLASSÉ EN 1855
CHAT AU LONGUEVILLE
Pauillac-Medoc
1945
BARON de PICHON-LONGUEVILLE
BORDEAUX
CRU CLASSÉ EN 1855
EN BOUTEILLES AU CHATEAU

VORHERGEHENDE DOPPELSEITE: DA DAS SCHLOSS ETWAS ZU »WEIBLICH« WIRKTE FÜR EINEN BARON, WURDE ES AN DEN ECKEN MIT BETON-KATAFALKEN VERSEHEN, DIE ES MÄNNLICHER WIRKEN LASSEN, OHNE ES ZU ERSCHLAGEN.

RECHTS: EINST ZUR BEAUFSICHTIGUNG DER ARBEITER IM WEINBERG ERRICHTET, IST HEUTE DIESER TURM DIE GRENZMARKIERUNG ZWISCHEN DEN BEIDEN PICHONS: ÖSTLICH DAVON DIE 75 HEKTAR DER COMTESSE MIT HOHEM MERLOT-ANTEIL (35 %); WESTLICH DIE 68 HEKTAR DES BARONS MIT DOMINIERENDEM CABERNET-SAUVIGNON (70 %).

CHÂTEAU BATAILLEY
GRAND CRU CLASSÉ
1985
PAUILLAC
APPELLATION PAUILLAC CONTRÔLÉE
GRAND CRU CLASSÉ
1961
BORIE MANOUX
1942
MÉDOC

Château BATAILLEY

OBEN: DER TURM LASPIC IST EINE ENKLAVE DES CHÂTEAU HAUT-BATAILLEY IM REVIER VON BATAILLEY. ES HANDELT SICH WEDER UM EINEN WEHRTURM NOCH UM EINEN AUSSICHTSTURM, SONDERN UM EINE TURMARTIGE MARIENKAPELLE, DIE EINE FRÖMMLERIN ERRICHTEN LIESS, UM DIE WEINSTÖCKE VOR DER REBLAUS ZU BEWAHREN.

LINKS: HARTE, STRENGE WEINE, IM HINBLICK AUF LANGE HALTBARKEIT AUSGEBAUT, ALSO WENIGER VERLOCKEND IN IHRER JUGEND, WAS DER MODE ZUWIDERLÄUFT. IN DIESEM KAMPF UM DIE BESTÄNDIGKEIT WAR BATAILLEY OFT SIEGER. NACH DEN JAHRGÄNGEN '78, '82, '95 UND '96 WIRD ES WIEDER SO SEIN, IN ... 25 JAHREN.

Hier, auf der Straße nach Saint-Laurent, kurz hinter Pauillac, mag man nichts wissen von Bruderkämpfen und architektonischen Spekulationen. Auf Batailley gibt es nur einen Kampf: den um den guten Wein. In der Wahrung der Tradition. Ein redlicher Cinquième Cru Classé kann durchaus Adel haben. Dieser hat welchen.

Die einfachen und notwendigen Arbeiten im Weinberg, die anderswo hinter großem Tamtam verschwinden, haben hier noch ihren vollen Wert. Im Frühjahr, wenn die Knospen aufgehen, wenn die ersten Blätter und Traubenansätze erscheinen, haben die Winzer alle Hände voll zu tun. An Rauhreifmorgen wärmen sich diese Hände über Feuern, die aus den letzten zwischen den Stockreihen liegenden Ranken entzündet werden, und beginnen dann mit dem Freilegen der Weinstöcke.

In weitem Bogen fliegt der Erdklumpen, der vor dem Winter als Kälteschutz um den Fuß der Rebe gelegt wurde, und zerbröckelt irgendwo in der Sonne, unter deren Strahlen die Knospen allenthalben aufplatzen. Jetzt setzt das große Knospenausbrechen, Abranken, Rückschneiden und Kappen ein. Ein unbarmherziges Ausputzen. Die Jagd auf die Geiltriebe ist eröffnet. Nachdem diese unnützen Ruten entfernt sind, wird auch ein Teil der Zweige weggeschnitten, um den Saft zu kanalisieren. Ordentlich zurechtgestutzt des Saftflusses wegen, wird die Rebe bald eine Haube haben, die weniger hoch, aber um so dichter ist. So wird sie kräftig und bereit sein für die Blüte im Mai.

Dieses fröhliche Frühlingserwachen hat freilich einen schlimmen Feind: die Märzfröste. In den Frühstunden kurz vor Sonnenaufgang können Kältegrade in wenigen Augenblicken enormen Schaden anrichten. Gegen die gefürchteten »Eisheiligen« betet man heute keine Litaneien mehr, man nebelt künstlich ein. Als könnten die Reben im Médoc, dem Land der Sonne, nicht ohne Nebelschwaden leben.

IM ALTEN, VON BARRILLET-DESCHAMPS, DEM LANDSCHAFTSARCHITEKTEN NAPOLEONS III., ENTWORFENEN PARK LÄSST DER ELEGANTE SITZ DER FAMILIE CASTÉJA DIE BLUTIGE ZEIT DES HUNDERTJÄHRIGEN KRIEGES VERGESSEN, DER DEM GUT DEN NAMEN GAB.

Château GRAND-PUY-LACOSTE

Im Inneren des Weinguts, auf dem Plateau de Bages, kräuselt der Meerwind eine fast unübersehbare Fläche von zartgrünem Weinlaub und weht der Nase den feinen Duft der Weinblüte zu. Es ist Anfang Juni, die Zeit der Blüte und des Pollenflugs, von dem die Erntemenge abhängen wird und das Datum der Lese, die 105 bis 110 Tage nach der ersten Blüte beginnt. Je früher die Blüte, desto größer der Jahrgang, sagt man. 1997 gingen die Knospen erstaunlich früh auf, und die Blüte war vorzeitig; beim Merlot war es die früheste des Jahrhunderts.

Auf Grand-Puy-Lacoste mit seinen etwa 45 Hektar an einem Stück wird der jetzt vorgenommene Schnitt den Saftdruck erhöhen und zugleich den späten Austrieb verhindern, der zu Blütenabfall führen kann, denn wenn die Blüte schlecht befruchtet ist, verkümmert sie, und die Traubenkerne wachsen nicht. Dieses schlechte Befruchten der Weinstöcke, »Durchrieseln« genannt, kann auch durch Kälte und zu große Nässe verursacht werden. Hier ist ein guter Fruchtansatz, das heißt eine gute Entwicklung der Beeren, die Gewähr für eine schöne Konzentration, die der Hauptvorzug dieses Cinquième Cru Classé ist.

GRAND VIN
CHATEAU
LYNCH BAGES
GRAND CRU CLASSÉ
PAUILLAC
MÉDOC
1945
APPELLATION PAUILLAC CONTROLÉE

Château LYNCH-BAGES

LINKS: EIN CINQUIÈME CRU CLASSÉ, DER HINSICHTLICH QUALITÄT UND ERZIELTEM PREIS AN EINEN DEUXIÈME CRU HERANREICHT. DEM '96ER, DER SCHÖN AUSGEGLICHEN, KOMPLEX UND FEIN, VON EHER ENERGISCHEM CHARAKTER IST, WIRD ES NICHT AN DICHTE UND GESCHMEIDIGKEIT FEHLEN.

NÄCHSTE DOPPELSEITE: LYNCH-BAGES, DAS FLAGGSCHIFF DER FAMILIE CAZES, IST GEWISSERMASSEN DAS WEINBAU- UND WEINHERSTELLUNGSLABORATORIUM ALLER ANDEREN BETRIEBE, DIE JEAN-MICHEL CAZES, DER WEINSEHER, MANAGT; IHM ZUR SEITE STEHT DANIEL LLOSE, DER WEINMACHER.

Bitte »Linsch« und nicht »Lünsch« aussprechen! Nach den über sechzig Jahren, die sie dieses Weingut jetzt leiten, hoffen die Cazes die Regierungszeit der Lynch zu überbieten, die sich hier im 18. Jahrhundert etablierten. Aus karger Gegend in Irland beziehungsweise aus felsigem Bergland der Pyrenäen stammend, haben sowohl die Lynch als auch die Cazes keine Mühe gescheut und sich diesen Kiesböden verschrieben, deren gute Lage am Südrand von Pauillac, am äußeren Rand des Plateau de Bages, sie auch mit einer schönen Aussicht auf die Girondemündung belohnte. Das 1855 als Cinquième Cru eingestufte Château, das damals Lynch-Jurine hieß, glänzte im Dezember 1997 in der großen Ausscheidung Paris-Singapur mit einem 1990er, der sogar Premiers Crus übertraf. Zur selben Zeit errang eine andere Besitzung der Familie, Les Ormes de Pez in Saint-Estèphe, den Pokal der Crus Bourgeois für den Jahrgang '94.

Daß die Cazes, heute Jean-Michel und seine Schwester Sylvie, beneidet werden, ist zuwenig gesagt. Ob auch der Wein selbst schuld daran ist? Geschmäht und gelobt wird er von den einen als Mouton des Armen, von den anderen als Rarität gehandelt. Höchst einnehmend ist er jedenfalls, so wie der Bruder und die Schwester; bewundernswert geschmeidig, wie Jean-Michel als Geschäftsmann; auch von höchster Konzentration, wie seine Geschäftsführung. Ein Wein-Erfolg, ein Erfolg im Weingeschäft.

Gäbe es eine Klassifizierung der Weingutsbesitzer im Bordelais, bei der sowohl die Zahl der Châteaux als auch die Qualität der produzierten Weine berücksichtigt würden, wäre Jean-Michel Cazes bei den »ersten«, zusammen mit Jacques Merlaut, Lucien und André Lurton. Mit Châteaux & Associés, der »Gasfabrik« (sic), welche die diversen Besitzungen der Familie und die von Axa Millésimes zusammenfaßt, herrscht er über etwa zwanzig Weingüter von Pauillac über Pomerol und Porto bis nach Tokaj in Ungarn. Jean-Michel Cazes würde garantiert nicht, wie weiland Mademoiselle Averous – von ihr kauften die Cazes' das Nachbargut –, ein Faß des Zweitweins von Lynch-Bages, Haut-Bages-Averous, gegen ein Faß Weihwasser aus Lourdes eintauschen! Die Geschmäcker sind eben verschieden.

Château PONTET-CANET

Ein leichter Schwefelgeruch schwebt im Keller und kitzelt in der Nase. Das kommt natürlich von den Schwefelkerzen, mit denen beim Umziehen die Barriques desinfiziert werden, aber es leuchten da auch Erinnerungen auf an die erloschene Größe dessen, was über ein Jahrhundert lang, von 1864 bis 1975, der Stolz der Familie Cruse gewesen war. Pontet-Canet und Cruse, Cruse und Pontet-Canet: Wein- und Menschenschicksale untrennbar verwoben.

Wer die große Zeit der Schlafwagen erlebt hat, erinnert sich noch gut an den Pontet-Canet auf den Weinkarten, den böse Zungen – mit guten Geschmacksnerven – als »Pauillac der SNCF« bezeichneten. Jedem seinen Adelstitel: Ein Kopfwaggon am hinteren Ende der Grands Crus hat auch Klasse. Zumindest berechtigt es zum Anspruch, wenn eine der führenden Familien des Weinhandels von Bordeaux es so will. Und die Cruses waren die Herren über viel Wein und viel Geld. Nie im Château abgefüllt, sondern mal in Bordeaux, mal in London, war der Pontet-Canet einerseits überbewertet wegen des Namens und gleichzeitig schlecht angesehen, weil zuviele Flaschen nicht dem Niveau entsprachen oder sogar oxidiert oder verdorben waren. Bei der Probe machte er zunächst durch eine sofortige und verlockende Nase eine gute Figur, um dann im Mund leider oft unangenehm zu enden.

Der Kursverfall der Bordeaux-Weine im Jahre 1973 und die »Affäre Cruse« (vgl. S. 44) waren paradoxerweise für Pontet-Canet die Rettung. 1975 aufgekauft von Guy Tesson, seines Zeichens Cognac-Händler und Ehemann einer Cruse-Tochter, wurde der Betrieb einer Erneuerung unterzogen. Allerdings brauchten der Vater und seine zwei Söhne zwanzig Jahre, um mit den Jahrgängen '95 und '96 wieder voll gelungene, mächtige und geschmeidige Weine mit schönem Gewürz-Bukett präsentieren zu können. Der neue Pontet-Canet, der nun auch im Château abgefüllt wird, ist also das Erzeugnis eines von Grund auf renovierten Betriebs, in dem ebenso rigoros selektiert wird wie beim Nachbarn Mouton-Rothschild.

OBEN: EIN VERTRÄUMTES SCHLOSS IN EINEM ROMANTISCHEN PARK FÜR EINEN VON JAHR ZU JAHR AUSDRUCKSVOLLEREN WEIN.

RECHTS: »... DIE MARSEILLAISE BRICHT LOS UND ALLE ZUSCHAUER, VON GRÜNSPAN UND BLECHBLÄSERN BESPRITZT, ERHEBEN SICH BLAUROT, TRUNKEN VON FRANZÖSISCHER GESCHICHTE UND VON PONTET-CANET.«
(JACQUES PRÉVERT, *LE DÎNER DE TÊTES)*

1887
Pontet_Canet
CHATEAU
PONTET-CANET
PAUILLAC
1985
APPELLATION PAUILLAC CONTROLEE
STE CIVILE DU CHATEAU PONTET-CANET
MIS EN BOUTEILLES AU CHATEAU

RECHTS: EIN ENSEMBLE AUS DEM 19. JAHRHUNDERT MIT SCHÖNEN WIRTSCHAFTSGEBÄUDEN VON ETWAS BEJAHRTEM CHARME, DIE ABER JETZT, AN DER SCHWELLE ZUM DRITTEN JAHRTAUSEND, WIEDER FUNKTIONAL SIND.

NÄCHSTE DOPPELSEITE: DAS UNTERIRDISCHE WEINLAGER MIT DEM GEHABE EINES VORNEHMEN KELLERS ZEIGT NOCH DIE NARBEN EINER STOLZEN VERGANGENHEIT MIT JAHRHUNDERTERFOLGEN. HEUTE VERWAHRT DIESES LAGER EINEN NEUBEGINN, DEN MAN MIT VERGNÜGEN TRINKT.

Château MOUTON-ROTHSCHILD

Auch wenn es so im Wörterbuch steht: Mouton bedeutet nicht »Schaf«. Im Altfranzösischen bedeutete *mouton* (oder *mouthon*) *petit mont*, »kleiner Berg«, also eine jener Erhebungen, die der Landschaft des Médoc und insbesondere dem Gebiet um Pauillac, wo sie zahlreich sind, diesen hübsch wogenden Aspekt verleihen. Das Emblem des Weinguts ist auch nicht das berühmte, wegen seines zarten Fleischs geschätzte Pauillac-Lamm, sondern der Widder, das Sternzeichen von Baron Philippe de Rothschild und Symbol eines unbändigen Willens. Zudem ist Mouton-Rothschild nicht wirklich Rothschild. Zumindest nicht so, wie Lafite es ist: Eigentum einer eher finanziellen als patronymischen oder gar familiären Einheit. Mouton ist das Werk von Philippe de Rothschild, seine Schöpfung, seine Sache, sein Meisterwerk. Und dank der Hartnäckigkeit und Umtriebigkeit dieses Mannes, der sich mehr als ein halbes Jahrhundert lang über alle guten Sitten und geschäftlichen Gepflogenheiten hinwegsetzte, wurde Mouton weltweit zum Symbol der Erneuerung der Bordeaux-Weine. Mit der Macht einer Legende.

Die Abänderung der berühmten, als unveränderlich geltenden Klassifizierung von 1855 zu erreichen, entspricht in etwa der Tat des Herkules, der die goldenen Äpfel von den Hesperiden holte. Indem ihm das gelang, erlangte Baron Philippe für Mouton die Unsterblichkeit. Am 18. April 1855 erstattete nämlich das *Syndicat des courtiers de commerce de Bordeaux* (Konsortium der Handelsmakler von Bordeaux) Bericht über die Mission, mit der es im Rahmen der Weltausstellung beauftragt worden war, und präsentierte eine Liste der Rotweine der Gironde, die »eine auf langjährige Erfahrung basierende Klassifizierung« offiziell machte und »das Ergebnis einer über hundertjährigen Entwicklung« widerspiegelte. Auf dieser Liste fanden sich nur Gewächse des Médoc, mit Ausnahme eines Weins aus dem Graves-Gebiet, nämlich Château Haut-Brion, der mit den Châteaux Lafite, Margaux und Latour den Rang eines Premier Cru Classé erhielt. Mouton, das noch Branne-Mouton hieß und zwei Jahre zuvor von Baron Nathaniel de Rothschild (englischer Zweig) erworben worden war, erhielt nur eine zweite Klasse, obwohl sein Ruf ebenso hoch war wie der anderer Güter, namentlich Lafite, das noch keine Rothschild-Domäne war. Wurde auf der Weinbörse von Bordeaux das Faß Mouton nicht 1854 zum selben Preis (5000 Franc)

OBEN: DER VOM ARCHITEKTEN CHARLES SICLIS ERBAUTE, INNEN WIE AUßEN AN EINE ABTEI ERINNERNDE GROSSE KELLER IST EIN VORBILD AN GLEICHGEWICHT UND ELEGANZ, WAS DEM MOUTON SEHR GUT ANSTEHT.

RECHTS: ETIKETTEN-REIGEN. ZWEI NEUERUNGEN DES BARONS PHILIPPE: ABFÜLLUNG IM SCHLOSS, DIE DEN BESITZER FÜR SEINEN WEIN VERANTWORTLICH ZEICHNEN LÄSST, UND ETIKETTEN GEZEICHNET VON KÜNSTLERN WIE BACON, BRAQUE, DALÍ, MOORE, MOTHERWELL, PICASSO ODER WARHOL. ZUM WEINGENUSS GESELLT SICH DER KUNSTTRAUM.

Château
Mouton Rothschild
1969
Nº 98373
Château
Mouton Rothschild
en hommage a Picasso
Château
Mouton Rothschild
1973
PREMIER CRU CLASSE EN 1973
PREMIER JE SUIS SECOND JE FUS
MOUTON NE CHANGE

notiert wie ein Faß Lafite, Margaux oder Latour? Und hatte sich die Kommission nicht hauptsächlich auf die Marktnotierungen gestützt? Warum hatte sie dann den »erbärmlichen Zustand« der Gebäude als Vorwand genommen, um Mouton den Rang eines Premier Cru abzusprechen? Philippe, Nathaniels Urenkel, mochte sich jedenfalls 1922 mit dieser Wertung nicht abfinden, als er mit seinen zwanzig Jahren die Geschicke von Mouton in die Hand nahm.

Wie unverrückbar die Klassifizierung von 1855 erscheinen mochte, sie konnte und mußte erschüttert werden. Außerdem mußte das Château wieder auf Vordermann gebracht werden, das sich zwar nach wie vor in »erbärmlichem« Zustand befand, aber immerhin beeindruckende Jahrgänge – 1920 und 1921 – produzieren konnte. Kein Ziel schien dem ehrgeizigen und begabten Aristokraten zu hoch, der sich für Autorennen begeisterte, aber dennoch in das Médoc zog, wo es kaum befestigte Straßen gab. Nichts vermochte diesen Intellektuellen abzuschrecken, der sich ebenso für die Dichter des Elisabethanischen England interessierte (die er später brillant übersetzte) wie für die Traubenwickler-Invasionen (1926 gab es eine, die 75% der Ernte vernichtete, der Jahrgang war dennoch großartig). Er brauchte nur Zeit. Viel Zeit, viel Unternehmungsgeist, viel Kraft und viel Geld, um den verdienten Rang zugesprochen zu bekommen. Er war Vorreiter in der Vermarktung, indem er ab 1924 die gesamte Produktion im Château abfüllte, Vorreiter in der Kreation eines Markenweins mit Mouton Cadet (1933), dem weltweit meistverkauften Bordeaux, der gleichsam der Rothschild-Wein für den kleinen Geldbeutel ist, und Vorreiter in baulicher Hinsicht mit dem ersten Großkeller (1926). Obendrein auch Ästhet mit dem *Musée du vin dans l'art* (1962) und vor allem aufmerksamer Weinmacher, der zusammen mit seinem Komplizen Michel Bosc die außerordentlichen Jahrgänge 1945, 1947, 1953, 1955, 1959, 1961 und 1966 hervorbrachte. So gelang es Philippe de Rothschild endlich, nach endlosen Kämpfen mit den Weinbehörden, dem Landwirtschaftsministerium, den Weinbauvereinigungen, den Nachbarn und den eigenen Cousins, die Klassifizierung von 1855 offiziell revidieren zu lassen. Der Mann, der sich, die Fürsten von Rohan parodierend, den Wahlspruch gab: *Premier ne puis, second ne daigne, Mouton suis* («Erster kann ich nicht, zweiter mag ich nicht, Mouton will ich sein«), konnte nun verkünden: »Erster bin ich, zweiter war ich, Mouton verändert sich nicht!«

Die Legende, die er zu Lebzeiten war, blieb Baron Philippe auch nach seinem Tod im Jahre 1988. Aber wie lange wird sich diese Legende halten, wenn sie allein das faktisch verwaiste Mouton bewahren muß? Heute wird Mouton ausschließlich von den Marktgesetzen regiert, und es verändert sich. Das ist keine Nostalgie, sondern eine Feststellung. Doch bevor die Klassifizierung von 1855 abermals abgeändert wird…

VORHERGEHENDE DOPPELSEITE: GROSSE MAJESTÄT STRAHLT VON DIESEN GÄRTEN AUS, WO BAROCKER ÜBERSCHWANG UND ZEN-BUDDHISTISCHE STRENGE KUNST UND SCHÖNHEIT REGIEREN LASSEN: EINE HOMMAGE, DARGEBRACHT VON BARON PHILIPPE, AN EINEN WIRKLICHEN PREMIER CRU.

RECHTS: JUNGER WEIN SOLL ALT WERDEN. DER HAUPTVORZUG EINES GRAND CRU CLASSÉ UND VOR ALLEM EINES PREMIER CRU IST SEINE FÄHIGKEIT ZU ALTERN. IM KELLER MIT DEN SCHÄTZEN VON MOUTON MACHT MAN EINE ZEITREISE ZURÜCK BIS INS AUSGEHENDE 18. JAHRHUNDERT. ANGESICHTS DIESER ZEUGEN MENSCHLICHEN WIRKENS KANN MAN SICH NUR NOCH MIT AUGUSTINUS FRAGEN: *QUID EST ENIM TEMPUS?* (»WAS IST EIGENTLICH ZEIT?«)

MOUTO
ROTHSCHILD
BORDEAUX
MOUTON
DU Bon DE ROTHSCHILD Propres
1918
Bon de Miollis
Gérant
BORDEAUX

MIS EN BOUTEILLE AU CHÂTEAU
CHATEAU LAFITE-ROTHSCHILD
1982
PAUILLAC
PRODUCE OF FRANCE
APPELLATION PAUILLAC CONTRÔLEE
DÉPOSÉ
SOCIÉTÉ CIVILE DU CHATEAU LAFITE ROTHSCHILD, PROPRIÉTAIRE A PAUILLAC

LAFITE-ROTHSCHILD

OBEN: WOHLPLAZIERT AUF DER KUPPE DES KREIDEHÜGELS HERRSCHT DAS SCHLOSS ÜBER WEINGUT, GÄRTEN, WÄLDER, GEMÜSEFELDER UND DAS GANZE GEBIET VON PAUILLAC.

LINKS: VOM UNVERGESSLICHEN '59ER ÜBER DEN IMPOSANTEN '94ER ZUM ÜBERRASCHENDEN '95ER WIRD HIER NIE GESCHMEICHELT, NUR VORZÜGE ZÄHLEN. »MAN TEILT DEN WEIN MIT ANDEREN, UND NICHTS LIEBE ICH MEHR ALS DAS AUFLEUCHTEN DER AUGEN BEI EINEM FREUND, DEM ICH EIN GLAS GUTEN WEIN ANGEBOTEN HABE.« (EDMOND DE ROTHSCHILD)

Die Liebe zu den großen Weinen wird dann lächerlich, wenn sie bestimmte Gewächse wie Personen behandelt. Zumindest durch die Attribute, mit denen sie sie beschreibt. Der Charakter wird dann zur persönlichen Eigenheit. Der eine ist verschlossen oder gefällig, elegant oder geschliffen, der andere mollig oder feurig, lieblich oder gar pappig. So könnte man von Château Latour sagen, daß er streng, von Mouton-Rothschild, daß er elegant, von Lafite-Rothschild, daß er mächtig ist. Eigentlich sind alle das alles zusammen oder abwechselnd, nicht je nach Laune, sondern je nach Jahrgang: mal üppig, mal gefällig. Es sind hehre Weine, deren Würde bisweilen unter einer heimlichen Libido leidet, was einige vergleichslüsterne Verkoster mit Vorliebe enthüllen. Natürlich meinen diese Herren aus dem Médoc, die mit körperreichen Weinen nichts gemein haben, mit Opulenz nicht Schenkel oder andere Rundungen, aber beim Thema Konsistenz wird von Fleisch geredet, und ein Michael Broadbent schreibt über den Jahrgang 1989, der Château Margaux habe »das Fleisch und die Rundungen eines Cherubs«, und Château Lafite sei »korpulent, im Fleisch fest wie Mädchenpopos, in die ältere Herren so gern kneifen«.

Anzüglichkeiten, die garantiert hilfreich sind, um einen Premier Cru Classé zu beurteilen! Vor allem, wenn dieser in der Klassifizierung von 1855 ganz oben steht und er seit der Mitte der siebziger Jahre alles getan hat, um diesen durch schlechte Gewohnheiten eingebüßten Rang zurückzuerobern. Durch Edelstahltanks neben den herkömmlichen Eichenfässern, durch eine von sechsunddreißig auf vierundzwanzig Monate verkürzte Liegezeit in den Fässern, durch drakonische Selektion bei der Ernte und beim Verschnitt, wo manchmal nur noch ein Drittel der Ernte beibehalten wird, ist Lafite – dank der Weisheit desjenigen, der die Zeit auf seiner Seite weiß – auf dem besten Wege, wieder zum König der Weine von Pauillac zu werden.

LINKS: WENN, WIE PAUL CLAUDEL SCHRIEB, »DER WEIN, INDEM ER UNS IN DER PRAXIS DER INNEREN AUFMERKSAMKEIT UNTERWEIST, UNSEREN GESCHMACK BILDET, UNSEREN GEIST BEFREIT UND UNSERE INTELLIGENZ ERHELLT«, SO DRÄNGT SICH DAS CHÂTEAU LAFITE DEM SCHÖNGEIST GERADEZU AUF. DIE STRENGE KONSEQUENZ, MIT DER ERIC DE ROTHSCHILD, VON PROFESSOR ÉMILE PEYNAUD BERATEN, SOWOHL IM WEINBERG ALS AUCH IM GÄRRAUM UND IM KELLER VERFÄHRT, VERHILFT DEM WEIN ZU ALTER GRÖSSE UND NEUEM GLANZ.

NÄCHSTE DOPPELSEITE: DIESES MAJESTÄTISCHE, 1987 VOM KATALANISCHEN ARCHITEKTEN RICARDO BOFIL ERBAUTE KREISFÖRMIGE KELLEREIGEBÄUDE FÜR DIE BARRIQUES DES ZWEITEN AUSBAUJAHRES LEITETE EINE NEUE ÄRA IN DER WEINARCHITEKTUR DES BORDELAIS EIN.

Appellation
SAINT-ESTÈPHE

COS D'ESTOURNEL
D'ESTOURNEL
COS

COS-D'ESTOURNEL

OBEN: BEHÄBIG VON EINER HÜGELKUPPE AUS AUF CHÂTEAU LAFITE-ROTHSCHILD HERABBLICKEND, WARTET DIESER DEUXIÈME CRU CLASSÉ NICHT NUR MIT DEM GEBAREN, SONDERN AUCH MIT DER QUALITÄT EINES PREMIER CRU AUF.

LINKS: »DIESER AUSNEHMEND ELEGANTE BAU IN STRAHLEND HELLGELBER FARBE GEHÖRT IN WIRKLICHKEIT KEINEM STIL AN; ER IST WEDER GRIECHISCH NOCH GOTHISCH, ER IST SEHR BELUSTIGEND UND KÖNNTE EHER CHINESISCHES GENRE SEIN.« (STENDHAL, *REISE NACH BORDEAUX,* 1838)

Das intensive Hochsommerlicht an der Garonnemündung – für einige Maler erreicht die Brechung hier die des Orients – betont die Exotik dieses sonderbaren Gebäudes. Wie ein vorgeschobener Posten auf dem Hügel über dem hübschen kleinen Tal mit dem träge dahinfließenden Breuil, der die Grenze zur Appellation Pauillac bildet, versteht sich diese architektonische Ausgefallenheit als Kampfansage der Weine von Saint-Estèphe an die anderen Grands Crus Classés und insbesondere an Lafite, das ihm gegenüberliegt.

In jener ersten Hälfte des 19. Jahrhunderts, als Extravaganz für finanziellen Erfolg stand, mangelte es Louis-Gaspard d'Estournel weder an Verrücktheit noch an Geld. Aus der Verbindung von beidem entstand dieses exzentrische »Schloß« für einen Keller, mit dem er seiner Reise- und Weinleidenschaft zu frönen gedachte. Manche munkeln, er sei der Erfinder der »Indienrückkehr-Weine« gewesen, eine originelle Methode, den Wein schneller gut und alt werden zu lassen, indem man ihn auf eine lange Seereise schickt. Andere vertreten die Ansicht, angesichts der hohen Kosten für dieses Herumreisenlassen könne es sich nur um einen Verkaufstrick gehandelt haben, um einen Wein, der in Übersee keine Käufer gefunden habe, hier zu einem guten Preis loszuschlagen.

Doch zurück zu den Fakten. Bruno Prats, dessen Großvater 1919 Cos-d'Estournel von Fernand Ginestet erwarb, mißtraut allen Moden. Klare Absage an die Versuchung, dem »amerikanischen« Geschmack bestimmter Kritiker in den USA auf den Leim zu gehen, die ein bißchen zuviel mitreden beim Weinmachen. Klare Absage an eine Steigerung der Konzentration durch zu viele neue und gut »getoastete«, das heißt maximal erhitzte Barriques, um gefällige Aromen rasch freizusetzen und damit den gefürchteten Mister Parker zu erfreuen. Klare Absage an jedes Aufdonnern junger Weine, indem man den Alkohol erhöht und eine einschmeichelnde »Fettigkeit« erzeugt. Es genügt, der Frucht wieder zu ihrem Vorrecht und der besonderen Lage von Saint-Estèphe zum Ausdruck zu verhelfen, wo man mit einem konsequenten Merlot-Anteil von 30 bis 40% dichte Weine von schöner, tiefroter Farbe und einem mächtigen Gefüge erhält, was eine subtile aromatische Finesse nicht ausschließt. Diese Weine sollen altern, nicht mit drei Monaten schon »benotet« werden…

MIS EN BOUTEILLE AU CHATEAU
COS D'ESTOURNEL 1959
SAINT-ESTÈPHE
APPELLATION SAINT ESTÈPHE CONTROLEE
COS D'ESTOURNEL
SAINT-ESTÈPHE
CHAU COS D'ESTOU

GEFILTERT VOR DER ABFÜLLUNG IN BARRIQUES UND VOR DER ABFÜLLUNG IN FLASCHEN, VERDIENEN ES DIE WEINE DES BESTEN CRU VON SAINT-ESTÈPHE WIRKLICH, IN RUHE ZU ALTERN. DIE STILLE DES KELLERS BEKOMMT IHNEN WEIT BESSER ALS DAS SCHLINGERN UND STAMPFEN BEI HOHEM SEEGANG AUF FERNEN MEEREN.

COS-LABORY

Das kleine Cos gegen das große Cos. Der Kampf ist ungleich. Es ist schwer, wenn man auch noch der Nachbar des anderen ist, der auf der gegenüberliegenden Straßenseite residiert, und dazu noch auf einer Kreuzung, wo einem lauter Wegweiser zu den anderen renommierten Châteaux vor das Tor gepflanzt werden. Eine Aufforderung zum Weiterfahren. Gleichwohl lohnt sich der Halt im kleinen Château: Es hat den diskreten Charme von Bauten kleiner Adelsgeschlechter oder von Provinznotabeln, deren Familienerinnerungen so sympathisch frisch geblieben sind wie heiße Sommertage unter Laubdächern. Der Wein dieses Cinquième Cru Classé hat Eleganz. Früher ein wenig zu leicht für einen Saint-Estèphe, ist er in den letzten Jahren solider geworden. Das kleine Cos festigt sich.

Mittagshitze. Bleierne Stille unter gnadenloser Sonne. Das lärmige Hin und Her der Traktoren, die die Reben mit Kupfersulfat gegen den Mehltau bespritzten, hat aufgehört. Kein Grillengegrille, kein Stieglitzgezwitscher, kein Meisengeflatter, kein Heuschreckengezirpe: Die *bouillie bordelaise,* die sonnenmilchweiße Bordelaiser Brühe, liegt auf den Reben wie ein Leichentuch.

Château Montrose
SAINT-ESTÈPHE
1982
J.-L. Charmolüe
PROPRIÉTAIRE A SAINT-ESTÈPHE GIRONDE (FRANCE)
750 ml
MÉDAILLES D'OR
1964
MÉDAILLES D'OR
1959
MÉDAILLES D'OR
1921

Château MONTROSE

OBEN: EIN HÜBSCHER FAMILIENSITZ FÜR EINEN DEUXIÈME CRU CLASSÉ AUS DER GROSSEN FAMILIE DER GRANDS CRUS CLASSÉS.

LINKS: EIN WEIN, DER MIT BEDACHT SO VINIFIZIERT WURDE, DASS MAN IHN FRÜHESTENS NACH ZEHN JAHREN TRINKT. DAS GILT INSBESONDERE FÜR DIE JAHRGÄNGE 1990, 1995 UND 1996, DIE IM MUND ZUERST SCHÖN AUSGEGLICHEN, ÜPPIG UND FETT UND DANN BERAUSCHEND VON FRUCHT UND TANNIN IM ABGANG SIND.

Ein malachitgrünes Band, ein metallgraues Band, ein ockerbraunes Band mit einem weißen Fleck, ein azurblaues Band: Diese Aussicht bietet sich vom Gartenpavillon des Schlosses mit seinen Reben, die in flachen Bögen gegen den träge dösenden Fluß abfallen, auf dem anderen Ufer drüben als atomarer Mont Saint-Michel das Kernkraftwerk von Blaye – das Ganze erinnert an die majestätisch schlichten Bilder eines Nicolas de Staël mit ihrer unendlichen Poesie. Die Allee der Palmen, die sanft ihre Wedel über dem Weg zum Kellergebäude bewegen, die Sträßchen, die zwischen den verschiedenen Gebäuden und dem Schloß verlaufen und das Ganze zu einem kleinen Dorf machen, die zwei Säulen mit dem Kaiseradler obendrauf, das wie ein Ausguck alles überragende Windrad, die von Norden nach Süden führenden Reihen der Rebstöcke, das alles ist Teil einer Geometrie, wo Strenge und Kraftentfaltung von der Inbesitznahme der Natur durch den Menschen zeugen. Das Rosa des blühenden Heidekrauts, das früher den Abhang bedeckte, mußte dem tiefen Granatrot des Montrose weichen, diesem runden und fetten Wein mit dem Duft nach Heidelbeeren und gekochten Früchten, der seit über hundert Jahren von der Familie Charmolüe mit großer Hingabe und mit einer Bescheidenheit hergestellt wird, die unerläßlich ist für gute Arbeit unter Wahrung der Traditionen.

Aus Tradition mußte hier die Rendite immer hinter der Qualität zurückstehen (auch beim zweiten Wein, dem reizvollen Dame de Montrose), mit einem Rebschnitt auf maximal acht bis zwölf Knospen, mit alten Weinstöcken und mit dem Grünschnitt im Sommer: Damit die schönsten Trauben noch mehr Konzentration bekommen, wird ein Teil der Beeren auf zu stark behangenen Stöcken erbarmungslos entfernt. Beim aufmerksamen Gang durch die 68 Hektar des Gutes hat man auch die frisch gesetzten Jungpflanzen im Auge, die in den heißesten Tagen, wo der Saft nicht mehr steigt, gefährlich zum Hitzschlag neigen. Andere Kontrollgänge entscheiden darüber, ob Laub enfernt werden soll, damit die Trauben mehr Sonne bekommen und besser reifen. Dann kommt der Moment, da die Beeren ihr Aussehen verändern. Wenn die roten ins Violette tendieren, wenn die weißen durchsichtig werden, dann ist die *véraison* da, ab der gerechnet in 40 Tagen die Lese beginnt.

CALON-SÉGUR

Ein schöner Schleierhimmel hüllt das Schloß ein. Auf der östlichen Fassade durchbrechen die Schatten die Gliederungen der etwas zu gedrungenen Architektur, und auf der Terrasse der Westseite mildern sie die stickige Sommerhitze. Frische liegt nur in diesen Traubenbeeren, die man mit den Fingern zusammendrückt und deren »Pinsel«, diese feine, am Ende wie eine Träne anschwellende Verbindung zwischen Strunk und Beere, man auslutscht. Von der Beständigkeit der Farbe auf der Haut und der Verteilung des Fruchtzuckers im Mund hängt der Tag des Lesebeginns ab. So endet oder beginnt, je nachdem, wie man es betrachtet, der jährliche Weinkreislauf auf Calon Ségur, dem nördlichsten der Grands Crus Classés des Médoc. Der »Fürst der Weinreben«, Nicolas Alexandre de Ségur, der im 18. Jahrhundert auch Latour und Lafite besaß, pflegte zu sagen, sein Herz gehöre zu Calon. Er verlor indessen alles beim Spiel. Das ist der Kreislauf beim Menschen: Er kommt und geht, und sein Reichtum vergeht. Die Rebe aber, diese unverwüstliche und freigebige Schlingpflanze, sie bleibt. Zwischen Pflanze und Mensch ist ständig Bewegung. Und weil seine Zeit verrinnt, klammert der Mensch sich ans Pendel der Wein-Zeit, die Jahrgang um Jahrgang tausend Genüsse beschert.

Anhang

Weinprobe

Trinken ist eine körperliche Notwendigkeit, aber guten Wein trinken heißt genießen. Zwar ist ein bestimmtes Wissen notwendig, um richtig genießen zu können, aber eine »Wein-Universität« braucht man deshalb nicht zu besuchen. Besser, man nützt jede Gelegenheit, um seinen Geruchs- und Geschmackssinn zu schulen und sich so eine gute Erfahrung im Kosten zu erwerben. Diese Schulung der Sinne geht auch über das Einprägen der Sinneseindrücke, der guten wie der schlechten, sowie der Eigenheit und der Eigenschaften der gekosteten Weine. Anschauen, riechen, schmecken. Und immer wieder neu anfangen.

Zwei Ratschläge. Der erste: sich selbst kennen. Jeder hat seine Vorlieben und Neigungen, dieses mag man, jenes nicht. Wenn man die pflanzlichen Düfte den tierischen, die »weiblich« genannten Weine den markigeren vorzieht, so ist das kein Mangel, sondern ein äußerst wichtiger Hinweis, mit dem man sich in der großen Familie der Weine besser zurechtfindet. Der zweite: ein einfaches und präzises Vokabular benützen, um das auszudrücken, was man empfindet; gründlich oder gefühlsbetont, aber ohne Emphase und Affektiertheit. Nüchtern bleiben, denn Großsprecherei schadet dem Genießen, und Lächerlichkeit tötet ebenso wie der Alkohol!

»Das eigentliche Geheimnis besteht darin, jeden Wein – so wie er ist – verstehen und genießen zu lernen.«

Hugh Johnson

Vokabular der Weinprobe

Abgang: Nachgeschmack eines Weins nach dem Schlucken, auch Finale genannt.

adstringierend: die Mundschleimhäute und die Zunge zusammenziehend; häufig bei jungen, gerbstoffhaltigen Rotweinen.

ausgewogen: harmonische Einheit aller Elemente (Alkohol, Frucht, Tannin und Säure).

brandig: nach Alkohol schmeckend.

Charakter: Eigenständigkeit eines Weines, der von Modeströmungen unabhängig ist.

Finesse: das französische Wort für Feinheit.

flach: ohne Ausdruck, Tiefe, mit zuwenig Säure; auch bei Schaumweinen, bei denen sich die Kohlensäure verflüchtigt hat.

groß: mit Geschmacksfülle und viel Alkohol, Säure, Frucht und Tannin.

grün: mit unreifer Frucht, roh und jung.

hart: mit unreifem, zu jungem Tannin.

kernig: frisch; auch euphemistisch für sehr säurehaltige Weine.

komplex: mit zahlreichen Abstufungen in Duft und Geschmack.

körperreich: schwerer, extrakt- und alkoholreicher Wein.

krautig: störendes Aroma bei unreifen Cabernet-Franc-, Cabernet-Sauvignon- und Merlotweinen.

kurz: ohne Nachklang im Mund.

lang: Wein mit lange nachklingendem Aroma.

leicht: mit wenig Alkohol und Extrakt.

Nase: Bukett.

oxidativ: fehlerhafter Wein, der durch zu langen Sauerstoffkontakt viele Aldehyde enthält und abgestanden, fade und nach Madeira schmeckt.

reif: sehr harmonischer, runder Geschmackseindruck.

reintönig: sauberer, für die Traubensorte typischer Duft und Geschmack ohne Nebentöne.

sauber: ohne unangenehme Gerüche.

Säure: verleiht Schwung und Frische und gleicht den Zucker süßer Weine aus; kann nach grünen Äpfeln oder nach Zitronen- und Pampelmusensaft schmecken.

spritzig: Wein mit Restkohlensäure.

stark: körperreich, mit sehr viel Tannin; oft bei unreifen Gewächsen, die später große Weine werden.

tanninreich: wird für Wein gebraucht, der im Mundraum »pelzig« nachklingt; wird mit der Zeit weicher.

verschlossen: ohne den Geschmack, der zu erwarten wäre; oft auch Hinweis auf einen noch unentwickelten, jungen Wein.

viskos: tanninhaltig, mit Geschmacksfülle.

vollmundig: körperreich und mit ansprechendem Alkoholgehalt.

weich: säurearm und mild.

weinig: angenehm, allgemein nach Wein riechend oder schmeckend.

»Eines Abends sang die Seele des Weines in den Flaschen: ›Zu dir, o Mensch, erhebe ich, o teurer Enterbter, in meinem Glasverlies und unter rotem Siegellack ein strahlendes, ein brüderliches Lied!‹«

Charles Baudelaire,
»Die Blumen des Bösen«

Glossar

Abstich, Abzug: Umfüllen von einem Faß in ein anderes durch Schwerkraft (oder hineingepumpte Luft), um den Wein zu klären, nachdem sich der Trub am Boden abgesetzt hat.

Barrique: Eichenholzfaß mit 225 Liter Inhalt zum Ausbau von Rotweinen.

Bouillie bordelaise: Kupfervitriol-Kalk-Brühe, ältestes Fungizid, das gegen den falschen Mehltau gespritzt wird.

Chef de culture: Pendant zum für die Weinbereitung zuständigen Kellermeister; also etwa: Weinbergmeister.

Collage: Schönen des Weins vor der Flaschenabfüllung, oft durch Eiweiß (im Bordelais 5–6 pro Barrique.

Cuvaison: Faßgärung; Einweichung des bereits vergorenen Mosts im Gärfaß (cuve); Dauer hängt von Rebsorte und Jahrgang ab.

Daube: durch Dämpfen gewölbtes Holzbrett zur Herstellung des Holzfasses.

Durchrieseln: teilweise oder völlige Vernichtung der Weinblüte durch Regen oder Frost.

Gärung, alkoholische: Aufspaltung des Mostzuckers durch natürliche Hefen in Alkohol und Kohlendioxid. Der Most wird zu Wein.

Gärung, malolaktische: wird auch zweite Gärung genannt; Verminderung des Säuregehalts von Rotweinen durch Umwandlung der Äpfelsäure (Malat) in Milchsäure (Laktat).

Mehltau (»falscher«): Pilzkrankheit der Rebe, hervorgerufen durch einen mikroskopisch kleinen Fadenpilz, der in der zweiten Hälfte des 19. Jahrhunderts eingeschleppt wurde.

Most: durch Pressen gewonnener Saft der Trauben.

Rappen, Kamm: holziges Stielgerüst der Traube, das die Beeren trägt.

Spund: Stopfen aus Kork, Holz, Porzellan oder Glas, der das Einfülloch verschließt.

Tannine: aktive Inhaltsstoffe (Gerbstoffe) des Weins, von den Kernen und vom Kamm stammend; auch im Eichenholz vorhanden, aus dem die Fässer hergestellt werden.

Véraison: Zeitpunkt der einsetzenden Reife; von nun an nehmen rote Trauben Farbe an.

Verschnitt: das französische Wort *assemblage* (Zusammenfügen) bezeichet den Sachverhalt treffender. Der individuelle Charakter jedes Bordeaux-Weins wird herausgearbeitet, indem verschiedene Rebsorten und Trauben von verschiedenen Parzellen in einem ganz bestimmten Verhältnis gemischt werden.

Wasserschoß oder Wasserreis: junger Trieb am Stamm, der weggeschnitten wird, weil er keine Frucht trägt. Auch »Geiltrieb« genannt.

Der Châteaux-Führer

Für jedes Château werden neben Einstufung, Adresse, Telefon- und Faxnummer auch die bestockte Fläche und die Anteile der gepflanzten Rebsorten angegeben. In einer Weingegend mit starker Cabernet-Sauvignon-Dominanz ist es beispielsweise interessant, den Merlot-Anteil zu kennen, wenn man etwas über die Eigenart eines Weines erfahren will. Wir geben auch den Namen des Zweitweins an, denn bei der gegenwärtigen Spekulation (die Preise für den '95er und den '96er haben sich verdreifacht) wird dieser zum Ausweichwert. Die Verknappung des Grand Vin ist sicherlich eine Folge der Spekulationstendenzen, sie kann aber auch vom Hersteller gewollt sein, wenn dieser aus Gründen der Selektion die Menge reduziert; der Zweitwein, dem dann besondere Aufmerksamkeit gewidmet wird, erfährt dadurch eine Aufwertung.

In Abhängigkeit von der Appellation, das heißt der Lage mit den sie kennzeichnenden Böden, sind die Rebsorten bestimmend für die Zusammensetzung des Weins; sie verleihen ihm seine Originalität und seine Persönlichkeit. Fünf Rebsorten können verwendet werden:

Cabernet Sauvignon (CS)
Merlot (M)
Cabernet Franc (CF)
Petit Verdot (PV)
Malbec (Diese Rebsorte ist bei den Grands Crus Classés des Médoc praktisch nicht vertreten – mit Ausnahme von Château Gruaud-Larose.)

Die angegebenen Prozentsätze finden sich nicht unbedingt identisch im Verschnitt der Grands Vins wieder; dort können die Anteile von Jahr zu Jahr differieren, je nach Ernte und Entwicklung der ersten Gärung. Gleichwohl sind sie eine wichtige Angabe zur Charakteristik eines Crus.

DAS BESTE ESSLOKAL DES MÉDOC, ABER AUCH DAS BESTE WEINLOKAL, DENN VIELE WEINGÜTER HABEN HIER EIN KLEINES LAGER, DAMIT MAN IHRE GRÖSSTEN JAHRGÄNGE ZUR AUSGEZEICHNETEN KÜCHE DES »LION D'OR« GENIESSEN KANN.

Château Batailley

5e Cru Classé
Appellation: Pauillac
Rebfläche: 50 ha
Rebsorten: 70% CS, 24% M, 4% CF, 2% PV
Zweitwein: Château Lynch-Moussas
Adresse: F-33250 Pauillac
Telefon: 05 56 59 01 13 – Fax: 05 56 52 29 54

Château Beychevelle

4e Cru Classé
Appellation: Saint-Julien
Rebfläche: 90 ha
Rebsorten: 60% CS, 28% M, 8% CF, 4% PV
Zweitwein: Amiral de Beychevelle
Adresse: F-33250 Saint-Julien-Beychevelle
Telefon: 05 56 73 20 70 – Fax: 05 56 73 20 71

Château Branaire-Ducru

4e Cru Classé
Appellation: Saint-Julien
Rebfläche: 50 ha
Rebsorten: 70% CS, 22% M, 5% CF, 3% PV
Zweitwein: Château Duluc
Adresse: F-33250 Saint-Julien-Beychevelle
Telefon: 05 56 59 25 86 – Fax: 05 56 59 16 26

Château Brane-Cantenac

2e Cru Classé
Appellation: Margaux
Rebfläche: 85 ha
Rebsorten: 70% CS, 20% M, 10% CF
Zweitwein: Le Baron de Brane
Adresse: F-33460 Margaux
Telefon: 05 57 88 83 33 – Fax: 05 57 88 72 51

Château Calon-Ségur

3e Cru Classé
Appellation: Saint-Estèphe
Rebfläche: 94 ha
Rebsorten: 65% CS, 20% M, 15% CF
Zweitwein: Marquis de Ségur
Adresse: F-33180 Saint-Estèphe
Telefon: 05 56 59 30 08 – Fax: 05 56 59 71 51

Château Cantemerle

5e Cru Classé
Appellation: Haut-Médoc
Rebfläche: 67 ha
Rebsorten: 52% CS, 40% M, 5% CF, 3% PV
Zweitwein: Le Baron de Cantemerle
Adresse: F-33460 Macau
Telefon: 05 57 97 02 82 – Fax: 05 57 97 02 84

Château Cantenac-Brown

3e Cru Classé
Appellation: Margaux
Rebfläche: 52 ha
Rebsorten: 65% CS, 25% M, 10% CF
Zweitwein: Château Canuet
Adresse: F-33460 Cantenac
Telefon: 05 57 88 81 81 – Fax: 05 57 88 81 90

Château Chasse-Spleen

Cru Bourgeois
Appellation: Moulis
Rebfläche: 80 ha
Rebsorten: 70% CS, 20% M, 10% PV
Zweitwein: L'Ermitage de Chasse-Spleen
Adresse: F-33480 Moulis-en-Médoc
Telefon: 05 56 58 02 37 – Fax: 05 56 88 84 40

Château Cos-d'Estournel

2e Cru Classé
Appellation: Saint-Estèphe
Rebfläche: 54 ha
Rebsorten: 60% CS, 40% M
Zweitwein: Château de Marbuzet
Adresse: F-33180 Saint-Estèphe
Telefon: 05 56 73 15 515 – Fax: 05 56 59 72 59

Château Cos-Labory

5e Cru Classé
Appellation: Saint-Estèphe
Rebfläche: 18 ha
Rebsorten: 55% CS, 35% M, 10% CF
Zweitwein: Le Charme Labory
Adresse: F-33180 Saint-Estèphe
Telefon: 05 56 59 30 22 – Fax: 05 56 59 73 52

Château Ducru-Beaucaillou

2e Cru Classé
Appellation: Saint-Julien
Rebfläche: 49 ha
Rebsorten: 65% CS, 25% M, 5% CF, 5% PV
Zweitwein: Château La Croix
Adresse: F-33250 Saint-Julien-Beychevelle
Telefon: 05 56 59 05 20 – Fax: 05 56 59 27 37

Château Giscours

3e Cru Classé
Appellation: Margaux
Rebfläche: 83 ha
Rebsorten: 55% CS, 35% M, 10% CF und PV
Zweitwein: La Sirène de Giscours
Adresse: Labarde, F-33460 Margaux
Telefon: 05 57 97 09 09 – Fax: 05 57 97 09 00

Château Grand-Puy-Lacoste
5e Cru Classé
Appellation: Pauillac
Rebfläche: 45 ha
Rebsorten: 70% CS, 25% M, 5% CF
Zweitwein: Lacoste-Borie
Adresse: F-33250 Pauillac
Telefon: 05 56 59 06 66 – Fax: 05 56 59 22 27

Château Gruaud-Larose
2e Cru Classé
Appellation: Saint-Julien
Rebfläche: 82 ha
Rebsorten: 57% CS, 30% M, 7% CF, 4% PV und 2% Malbec
Zweitwein: Sarget de Gruaud-Larose
Adresse: F-33250 Saint-Julien-Beychevelle
Telefon: 05 56 73 15 20 – Fax: 05 56 59 64 72

Château d'Issan
3e Cru Classé
Appellation: Margaux
Rebfläche: 30 ha
Rebsorten: 70% CS, 30% M
Zweitwein: Blason d'Issan
Adresse: F-33460 Cantenac
Telefon: 05 57 88 35 91 – Fax: 05 57 88 74 24

Château Kirwan
3e Cru Classé
Appellation: Margaux
Rebfläche: 35 ha
Rebsorten: 40% CS, 30% M, 20% CF, 10% PV
Zweitwein: Les Charmes de Kirwan
Adresse: F-33460 Cantenac
Telefon: 05 57 88 71 00 – Fax: 05 57 88 77 62

Château Lafite-Rothschild
1er Cru Classé
Appellation: Pauillac
Rebfläche: 90 ha
Rebsorten: 70% CS, 15% M, 13% CF, 2% PV
Zweitwein: Domaine Les Carruades
Adresse: F-33250 Pauillac
Telefon: 05 56 73 18 18 – Fax: 05 56 59 26 83

Château Lagrange
3e Cru Classé
Appellation: Saint-Julien
Rebfläche: 113 ha
Rebsorten: 66% CS, 27% M, 7% PV
Zweitwein: Les Fiefs de Lagrange
Adresse: F-33250 Saint-Julien-Beychevelle
Telefon: 05 56 73 38 38 – Fax: 05 56 59 26 09

Château La Lagune
3e Cru Classé
Appellation: Haut-Médoc
Rebfläche: 72 ha
Rebsorten: 55% CS, 20% M, 20% CF, 5% PV
Zweitwein: Château Ludon-Pomiès-Agassac
Adresse: F-33290 Ludon-en-Médoc
Telefon: 05 57 88 82 77 – Fax: 05 57 88 82 70

Château Lascombes
2e Cru Classé
Appellation: Margaux
Rebfläche: 50 ha
Rebsorten: 50% CS, 40% M, 5% CF, 5% PV
Zweitwein: Chevalier de Lascombes
Adresse: F-33460 Margaux
Telefon: 05 57 88 70 66 – Fax: 05 57 88 72 17

Château Latour
1er Cru Classé
Appellation: Pauillac
Rebfläche: 65 ha
Rebsorten: 75% CS, 20% M, 4% CF, 1% PV
Zweitwein: Les Forts de Latour
Adresse: F-33250 Pauillac
Telefon: 05 56 73 19 80 – Fax: 05 56 73 19 81

Château Léoville-Barton
2e Cru Classé
Appellation: Saint-Julien
Rebfläche: 45 ha
Rebsorten: 72% CS, 20% M, 8% CF
Zweitwein: La Réserve de Léoville-Barton
Adresse: F-33250 Saint-Julien-Beychevelle
Telefon: 05 56 59 06 05 – Fax: 05 56 59 14 29

Château Léoville-Las Cases
2e Cru Classé
Appellation: Saint-Julien
Rebfläche: 97 ha
Rebsorten: 65% CS, 18% M, 14% CF, 3% PV
Zweitwein: Clos du Marquis
Adresse: F-33250 Saint-Julien-Beychevelle
Telefon: 05 56 73 25 26 – Fax: 05 56 59 18 33

Château Lynch-Bages
5e Cru Classé
Appellation: Pauillac
Rebfläche: 90 ha
Rebsorten: 73% CS, 15% M, 10% CF, 2% PV
Zweitwein: Haut-Bages-Averous
Adresse: F-33250 Pauillac
Telefon: 05 56 73 24 00 – Fax: 05 56 59 26 42

Château Margaux

1er Cru Classé
Appellation: Margaux
Rebfläche: 78 ha bebaut, 87 ha Apellation
Rebsorten: 75 % CS, 20 % M, 5 % PV und CF
Zweitwein: Pavillon rouge
Adresse: F-33460 Margaux
Telefon: 05 57 88 83 83 – Fax: 05 57 88 31 32

Château Montrose

2e Cru Classé
Appellation: Saint-Estèphe
Rebfläche: 68 ha
Rebsorten: 65 % CS, 25 % M, 10 % CF
Zweitwein: La Dame de Montrose
Adresse: F-33180 Saint-Estèphe
Telefon: 05 56 59 30 12 – Fax: 05 56 59 38 48

Château Mouton-Rothschild

1er Cru Classé (1973)
Appellation: Pauillac
Rebfläche: 75 ha
Rebsorten: 80 % CS, 10 % CF, 8 % M, 2 % PV
Zweitwein: Le Petit Mouton de Mouton-Rothschild
Adresse: F-33250 Pauillac
Telefon: 05 56 73 20 20 – Fax: 05 56 73 20 44

Château Palmer

3e Cru Classé
Appellation: Margaux
Rebfläche: 45 ha
Rebsorten: 55 % CS, 40 % M, 5 % CF
Zweitwein: Réserve du Géneral
Adresse: F-33460 Cantenac
Telefon: 05 57 88 72 72 – Fax: 05 57 88 37 16

Château Pichon-Longueville-Baron

2e Cru Classé
Appellation: Pauillac
Rebfläche: 68 ha
Rebsorten: 70 % CS, 25 % M, 5 % CF
Zweitwein: Les Tourelles de Longueville
Adresse: F-33250 Pauillac
Telefon: 05 56 73 17 17 – Fax: 05 56 73 17 28

Château Pichon-Longueville-Comtesse-de-Lalande

2e Cru Classé
Appellation: Pauillac
Rebfläche: 75 ha
Rebsorten: 45% CS, 35% M, 12% CF, 8% PV
Zweitwein: Réserve de la Comtesse
Adresse: F-33250 Pauillac
Telefon: 05 56 59 19 40 – Fax: 05 56 59 29 78

Château Pontet-Canet

5e Cru Classé
Appellation: Pauillac
Rebfläche: 78 ha
Rebsorten: 62 % CS, 32 % M, 6 % CF
Zweitwein: Les Hauts de Pontet
Adresse: F-33250 Pauillac
Telefon: 05 56 59 04 04 – Fax: 05 56 59 26 63

Château Poujeaux

Cru Bourgeois Exceptionnel
Appellation: Moulis
Rebfläche: 52 ha
Rebsorten: 50 % CS, 40 % M, 5 % CF, 5 % PV
Zweitwein: Charme de Poujeaux
Adresse: F-33480 Moulis-en-Médoc
Telefon: 05 56 58 02 96 – Fax: 05 56 58 01 25

Château Prieuré-Lichine

4e Cru Classé
Appellation: Margaux
Rebfläche: 69 ha
Rebsorten: 54 % CS, 40 % M, 5 % PV, 1 % CF
Zweitwein: Château de Clairefort
Adresse: F-33460 Cantenac
Telefon: 05 57 88 36 28 – Fax: 05 57 88 78 83

Château Saint-Pierre

4e Cru Classé; Appellation: Saint-Julien
Rebfläche: 17 ha
Rebsorten: 70 % CS, 20 % M, 10 % CF
Zweitwein: Clos d'Uza
Adresse: F-33250 Saint-Julien-Beychevelle
Telefon: 05 56 59 08 18 – Fax: 05 56 59 16 18

Château Talbot

4e Cru Classé
Appellation: Saint-Julien
Rebfläche: 102 ha
Rebsorten: 66 % CS, 26 % M, 3 % CF, 5 % PV
Zweitwein: Connétable de Talbot
Adresse: F-33250 Saint-Julien-Beychevelle
Telefon: 05 56 73 21 50 – Fax: 05 56 73 21 51

Die Klassifizierung von 1855

Als sakrosanktes historisches Denkmal hat die Klassifizierung von 1855 immer wieder zu heftigen Auseinandersetzungen geführt, sowohl bei den Weinmachern als auch bei den Liebhabern von Crus Classés, wobei jeder immer im Besitz der Wahrheit sein will. Man übersieht dabei, daß die geltend gemachte Wahrheit eine Wahrheit des Augenblicks, eine vergängliche Referenz ist, und daß die Objektivität zeitgebunden, um nicht zu sagen subjektiv ist. Der große Vorteil der Klassifizierungen von 1855 und davor – die erste, in der Château-Namen auftauchen, stammt von 1745 – besteht darin, daß sie sich an das Greifbarste hält, nämlich an die Gegebenheiten des Marktes. Also eine kaufmännische Bewertung, nicht eine Qualitätshierarchie. Durch fast hundertfünfzigjährige Erfahrung, die Modeerscheinungen neutralisiert, hat diese Rangordnung der Besten unter den Besten trotz aller Schwächen ihre Bewährungsprobe abgelegt. Sie ist die Referenz, die Meßlatte, ohne die keine Bewertung möglich wäre. Daß einige sie auf der Basis der derzeitigen Situation mit diesem oder jenem Jahrgang oder dieser oder jener Zeitspanne revidiert haben möchten, ist nur normal und ein Ansporn zu neuen Anstrengungen. Außerdem gibt es die Spekulation… Nehmen wir aber ein Beispiel: Ist der Mouton-Rothschild wirklich größer geworden nach dem Aufstieg im Jahre 1973 vom Zweiten zum Ersten Cru? Hat er sich teurer verkauft? Ja, schon, aber jetzt muß er sich vorhalten lassen, er verdiene seinen ersten Rang nicht mehr! Das kann die zuständigen Behörden in ihrer prinzipiellen Ablehnung jeglicher Revision der Klassifizierung von 1855 nur bestärken. Man kann das verstehen, und außerdem kann sich ja jeder seine Klassifizierung nach eigenem Gusto zusammenstellen, denn so groß ein Wein auch sein mag, er ist immer das, was der Mensch ist: mal grandios, mal schwach. Die einzige verläßliche Konstante ist die Lage. Wider die Gewohnheit gliedern wir deshalb die Liste von 1855 nicht nach den Klassen, sondern nach der Lage, denn vergleichen kann man nur, was vergleichbar ist.

APPELLATION

Haut-Médoc

3e Cru Classé

La Lagune★

4e Cru Classé

La Tour-Carnet

5es Crus Classés

Belgrave
Camensac
Cantemerle★

APPELLATION

Margaux

1er Cru Classé

Margaux★

2es Crus Classés

Rausan-Ségla
Rauzan-Gassies
Durfort-Vivens
Lascombes★
Brane-Cantenac★

3es Crus Classés

Kirwan★
D'Issan★
Giscours★
Malescot-St-Exupéry
Ferrière
Boyd-Cantenac
Cantenac-Brown★
Palmer★
Desmirail
Marquis d'Alesme-Becker

4es Crus Classés

Pouget
Prieuré-Lichine★
Marquis-de-Terme

5es Crus Classés

Dauzac
Du Tertre

APPELLATION

Saint-Julien

2es Crus Classés

Léoville-Las-Cases★
Léoville-Poyferré
Léoville-Barton★
Gruaud-Larose★
Ducru-Beaucaillou★

3es Crus Classés

Lagrange★
Langoa-Barton

4es Crus Classés

Saint-Pierre★
Talbot★
Branaire-Ducru★
Beychevelle★

APPELLATION

Pauillac

1ers Crus Classés

Lafite-Rothschild★
Latour★
Mouton-Rothschild (1973)★

2es Crus Classés

Pichon-Longueville-Baron★
Pichon-Longueville-Comtesse-de-Lalande★

4e Cru Classé

Duhart-Milon-Rothschild

5es Crus Classés

Pontet-Canet★
Batailley★
Haut-Batailley
Grand-Puy-Lacoste★
Grand-Puy-Ducasse
Lynch-Bages★
Lynch-Moussas
Mouton-Baron-Philippe d'Armailhac
Haut-Bages-Libéral
Pédesclaux
Clerc-Milon
Croizet-Bages

APPELLATION

Saint-Estèphe

2es Crus Classés

Cos-d'Estournel★
Montrose★

3e Cru Classé

Calon-Ségur★

4e Cru Classé

Lafon-Rochet

5e Cru Classé

Cos-Labory★

★ Die mit Stern gekennzeichneten Crus sind in diesem Buch vertreten.

Bibliographie

Aubin, Gérard / Sandrine Lavaud / Philippe Roudié: *Bordeaux. Vignoble millénaire*, Paris: L'Horizon Chimérique 1997

Barton, Anthony / Claude Petit-Castelli: *La saga des Barton*, Paris: Manya 1991

Bert, Pierre: *In vino veritas. L'affaire des vins de Bordeaux*, Paris: Albin Michel 1975

Bettave / Desseauve: *Le classement 98 des vins et domaines de France* (Führer der *Revue du vin de France*), Paris: Flammarion 1997

Broadbent, John Michael: *Broadbents Weinnotizen. Michael Broadbent beschreibt und bewertet große Weine und Jahrgänge aus drei Jahrhunderten*, Bern / Stuttgart: Hallwag 1994

Dovaz, Michel: *Bordeaux. Hommage an einen großen Wein*, München: Heyne 1997

Duijker, Hubrecht: Bordeaux. *Zu Weinreisen und Châteaux*, Bern / Stuttgart: Hallwag [3]1997

Duijker, Hubrecht / Michael Broadbent: *Weinatlas Bordeaux*, Bern / Stuttgart: Hallwag 1997

Faith, Nicholas: *Châteaux Margaux*, Paris: Flammarion 1988

Faith, Nicholas: *Châteaux Beychevelle*, Paris: Olivier Orban 1991

Féret, Claude / Marc-Henry Lemay: *Bordeaux*, Paris: Féret o.J.

Féret, Claude: *Bordeaux* (in der Reihe *Les appellations françaises et leurs vins*), Paris: Féret 1998

Ginestet, Bernard: *Margaux, Pauillac, Saint-Estèphe, Saint-Julien, Haut Médoc, Médoc, Moulins-Listrac* (in der Reihe *Le grand Bernard des vins de France*), Paris: Jacques Legrand o.J.

Johnson, Hugh: *Das große Buch vom Wein*, München: Gräfe & Unzer 1991

Johnson, Hugh: *Der neue Weinatlas. Länder – Lagen – Qualitäten – Trauben – Traditionen – Produzenten – Etiketten*, Bern / Stuttgart: Hallwag [27]1996

Lamalle, Jacques: *Château Payré*, Paris: Stock 1994

Markham, Dewey Jr.: *1855. Histoire d'un classement des vins de Bordeaux*, Paris: Féret 1997

Parker, Robert M.: *Parker's Wein Guide Frankreich. Über 2700 Weine aus allen Regionen*, München: Heyne 1996

Peppercorn, David: *Bordeaux 1998/99. 1000 Châteaux und ihre Weine*, Bern / Stuttgart: Hallwag [6]1998

Peynaud, Émile: *Le vin et les jours*, Paris: Durod 1996

Peynaud, Émile: *Le goût du vin*, Paris: Durod 1996

Pijassou, René / Didier Ters: *Gruaud Larose*, Paris: Stock 1997

Pijassou, René: *Le Médoc, un grand vignoble de qualité*, Paris: Jules Tallandier o.J.

Rabaudy, Nicolas de: *Château Kirwan. Histoire d'une renaissance*, Paris: Stock 1995

Rémy, Jean-Pierre: *Mes grands Bordeaux*, Paris: Albin Michel 1998

Rothschild, Edmond de: *Le culte du vin*, Paris: Gallimard 1997

Rothschild, Philippe de: *Vivre la vigne. Du ghetto de Francfort à Mouton-Rothschild*, Paris: Presses de la Cité 1981

Stendhal: *Bordeaux*, Paris: Proverbe 1995 (Erstausgabe 1838)

Thiney, Marie-José: *Vademecum des vins de Bordeaux, de la manière de les apprécier et des origines de leur qualité*, Bordeaux: Mollat 1998

Veilletet, Jean-Pierre: *Bords d'eaux* (in der Reihe *Lieux dits*), Paris: Arléa 1989

Xiradakis, Jean-Pierre / Alain Aviotte: *Le Médoc* (in der Reihe *Les grands vignobles pas à pas*), Paris: Rando 1995

CHATEAU
LYNCH BAGES
PAUILLAC
CHATEAU
MOUTON BARONNE PHILIPPE
PAUILLAC
CHATEAU
COS D'ESTOURNEL
ST ESTEPHE
1976
MONTROSE
ST ESTEPHE
CHATEAU
Labégorce-Zédé
MARGAUX
1982
DU TERTRE
CHATEAU
CROIZET-BAGES
BRANE CANTENAC
CHATEAU
BEYCHEVELLE
CHATEAU
CANTENAC
BROWN
CHATEAU
PALMER
KIRWAN
CHATEAU
MOUTON ROTHSCHILD
CAMENSAC
CHATEAU
D'ISSAN
LEOVILLE
LAGRANGE
CHATEAU
LASCOMBES
PICHON
LONGUEVILLE
PAUILLAC

COLLECTION
ROLF HEYNE

Von den Geburtsstätten der Pariser Avantgarde zu den Residenzen an der Côte d'Azur

Gérard-Georges Lemaire · Martin Schreiber

Die Künstlercafés von Paris

Über Jahrzehnte und zwei Weltkriege hinweg war die Pariser Kunst- und Literaturszene in Cafés zu Hause – am Montmartre, am Montparnasse und in Saint-Germain-des-Prés.

Anhand von Zeugnissen und Rezepten sowie von aktuellen und zeitgenössischen Photographien entfaltet dieser Band die facettenreiche Welt der berühmtesten Künstlercafés von Paris. Durch die stimmungsvollen Photos von Martin Schreiber und die persönlichen Erinnerungen von Juliette Gréco, Françoise Sagan und vielen anderen, die Kinder der Pariser Künstlercafés sind, entsteht eine schillernde Hommage an eine einzigartige Institution des Pariser Lebens.

176 Seiten, gebunden
mit 140 Abbildungen, davon viele in Farbe
ISBN 3-453-14415-5

Shirley Johnston · Roberto Schezen

Villen der Riviera

Die Französische Riviera war am Ende des 19. Jahrhunderts bis in die zwanziger Jahre unseres Jahrhunderts das beliebteste Winterdomizil Europas: Aristokraten und Industrielle, Künstler und Stars erbauten sich an der Côte d'Azur mondäne Villen und beauftragten dazu die besten Architekten ihrer Zeit.

Die Autorin Shirley Johnston und der renommierte Photograph Roberto Schezen porträtieren zwanzig der schönsten Häuser aus dieser Blütezeit der Villenarchitektur. Sie zeigen nicht nur die kostbaren Interieurs und weitläufigen Parkanlagen, sondern erzählen in Text und Bild auch von den Besitzern und der exklusiven Lebensart dieser Epoche.

228 Seiten, gebunden
mit zahlreichen, durchgehend vierfarbigen Abbildungen
ISBN 3-453-12895-8

HEYNE